JN225049

なぜ子どもは ミニカーに 乗ろうと するのか

スケールエラー
からみる幼児期の
物体認識の
発達心理学

石橋美香子 著
Mikako Ishibashi

ナカニシヤ出版

まえがき

> ああ，望遠鏡をたたむみたいに，身体を小さくできるんだといいのに！
> ——ルイス・キャロル 『不思議の国のアリス』より[1]

『不思議の国のアリス』の主人公，アリスは，ドアの向こう側に広がっている魅力的な世界に足を踏み入れたいと思いましたが，残念ながら，ドアに対してアリスの身体は大きすぎました。そんなときに，思わずアリスが叫んだ言葉が，さきほどの台詞です。

物語の中でアリスは，体のサイズを自在に変えることができるドリンクを飲んだりケーキを食べたりして，様々な世界を見ていくことになります。子どもの発達を研究している筆者は，体のサイズを小さくできるドリンクを飲みほして，子どもの見ている世界をちょっとでも味わいたいと思ったものです。

表紙に描かれたイラストのように，自分よりはるかに小さなサイズの車に何度も乗り込もうとしている子どもを目の前にしたときに，この子はいったいどんな世界が見えているのかしらと思わずにはいられません。

本書は，こうした「スケールエラー」現象について，筆者が博士課程在籍中に行った研究成果を主にまとめたものになります。モノを理解し，そのモノに応じた振る舞いをすることは，モノについての理解が発達途上の子どもにとっては，チャレンジングなものです。

アリスが体験した不思議の国の世界とまではいきませんが，子どもの見ている世界をちょっとのぞいてみませんか。

1）ルイス・キャロル／脇明子訳（2000）. 不思議の国のアリス 岩波書店, p. 21

目　　次

第1章

子どものモノの理解とその発達

はじめに

　我々は外界から得られた情報と我々がすでに持つ知識により外界にあるものを理解していく。我々は，物体が与える情報により，既存の知識を更新していくとともに，物体を操作し働きかけることでその物体への理解を深めていく。我々が物体を理解する際にはいかなる認知及び脳内の働きが生じているのだろうか。そしてそれはいかなる発達過程を経て達成されるのだろうか。我々が外界にある物体に対し適切に振る舞うことができるその背後には，物体を認識しその物体への行為を選択する認知及び脳の働きがある。しかし，外界への理解についての内部表象が未熟な幼児期は，その物体への理解をしばしば誤る。このような誤った認識はなぜ，そしていかにして起こるのだろうか。

　これを解く鍵となるのが，幼児期に見られるスケールエラーという現象である。スケールエラーは，物体認識及びその行為の選択の統合が未熟な状態を反映している現象とされ（Johnson, Mareschal, & Csibra, 2008），物体への行為の実行に至るまでの，知覚，概念，運動計画及び運動操作に関わる様々な認知能力の関与があるとされる。それゆえにスケールエラー現象の解明は，幼児期の認知発達研究において未だ明らかにされていない物体認識とその行為の統合において，1つの答えを提示しうる可能性を持っている。本研究では，スケールエラー現象の解明を通して，幼児期の物体認識及びその行為の発達過程において新たな知見を提供することを大きな目的とする。

　本章の第1，2節では，物体への認識をもとにした行為が，いかなる認知及び脳内メカニズムによって生じるのかをサルや成人を含む霊長類の研究を紹介し

ながら概説し，さらには，乳幼児期の物体認識及び行為の統合に関わるとされる発達研究について概観する。第3節では，物体認識及びその行為の統合を探る鍵となる幼児期のスケールエラー現象を紹介し，その研究で明らかとなっていない問題点を論じる。第4節で，物体への適切な行為産出に関する発達研究を概説し，第5節では，物体認識とその行為の統合がなされた結果，物体への関わり方においていかなる発達的変化が見られるのかについて論じる。以上の点を踏まえて，最後に第6節では，本研究で検討すべき問題について論じる。

第1節　物体認識とその行為に関わる脳領域

1-1　腹側・背側経路とは何か

　我々は物体に関わる前に，意識的にも無意識にも，その物体の属性及び意図に応じて関わる計画を立てる。物体認識及びその行為の実行に関する認知メカニズムを調べるための実験は主に成人を対象とした研究で多くなされてきた（Allport, 1987）。例えば，アフォーダンスによって得られる知覚情報，及び計画（意図）された行為がいかに実際の行為の実行に影響しうるのかに関する実験がある。その実験によれば，当該の状況と関係がないアフォーダンスは，物体への反応を遅らせるなど干渉的に働くが，状況に合致したアフォーダンスは，その物体への反応をより速くさせるという（Riddoch, Edwards, Humphreys, West, & Heafield, 1998）。こうした知覚した情報と行為の間の特徴が一致している際に行為が速くかつ正確に遂行されるといった現象は刺激反応適合性（stimulus-response compatibility）効果と呼ばれ，知覚と行為の相互作用を説明する際に用いられる（西村・横澤，2014; Rizzolatti & Craighero, 2004）。

　Pavese & Buxbaum（2002）の実験では，持ち手があるコップとないコップを同時に提示し，参加者のコップへの指差し及び掌握行動の反応時間を比較した。その結果，コップに持ち手がない場合には，知覚情報が意図された行為に妨害的に働き，指差しや掌握行動の反応時間が遅くなるが，コップに持ち手がある場合においては，その反応時間が速くなることが見られた。また，他にもCastiello, Bonfiglioli, & Bennett（1998）は，参加者にリンゴを見せる実験で，

リンゴが 3 次元的に見える条件とライトを後ろから当てシルエットしか見えない条件を提示し，条件間における掌握行動の違いを比較した。その結果，3 次元的に見える条件では，手で包むような掌握の仕方をするが，シルエットしか見えない条件では，親指と人差し指を用い，掴むような掌握の仕方をすることが示された。このような 3 次元的な奥行き情報の有無により手の運動制御が影響を受ける実験結果から，視覚情報が行為の選択のされ方に影響を与えることが明らかになっている。

　以上の研究から示されているように，成人を対象とした認識とその行為の関係における認知メカニズムについては，外界からの情報が我々の認識及び行為の実行に与える影響について検討されている。

　では，脳内メカニズムはどうだろうか。ヒトを含む霊長類の認識や行為に関わる視覚処理に関与する脳内経路を概説する。物体認識及び認識をもとにした行為を可能にさせる経路は，腹側経路と背側経路と呼ばれ，それぞれが 2 つの異なる脳領域によって処理される（Milner & Goodale, 2008）（図 1-1 参照 → p. 6）。入力された視覚情報は網膜から外側膝状体を介して後頭皮質の一次視覚皮質（visual area 1; 以下，V1）に送られる。V1 に送られた情報はそれぞれ腹側経路及び背側経路に分岐される。

　腹側経路は V1 から下側頭葉に至り，背側経路では，V1 から後頭頂葉に至る（Johnson & Mareschal, 2001; Milner & Goodale, 2008）。腹側経路では，サイズ，形状，色，顔情報などの物体の識別に関連する特徴情報が処理される（Kaufman, Mareschal, & Johnson, 2003）。詳しく述べると，V1 から第四次視覚野（visual area 4; 以下，V4）では物体のコントラストや表面の検出など比較的低次の視覚情報の処理がなされ，側頭後頭野から下側頭葉に至るまでに，知覚，大きさ，位置や形の恒常性などカテゴリー知覚に関する表象の処理や，物体を他の物体や出来事と関連付ける等の結合がなされ，意味的な内容も踏まえた高次な情報処理が表現される（Kandel, 2013 金澤・宮下監修 2014, p. 618）。

　一方，背側経路は，行動を導くための位置や運動を含む時空間情報を処理するとされ（Southgate, Csibra, Kaufman, & Johnson, 2008），物体の把持や手伸ばし行動を適切に行うために，サイズ，形，向きを符号化する細胞も含まれる（Jeannerod, 1988）。各領域はいずれも，前頭前野との接続があり，腹側経路に

表1-1　腹側・背側経路の概要

	腹側経路	背側経路
対応する脳領域	第一次視覚野から下側頭葉に至る	第一次視覚野から後頭頂葉に至る
主な役割	物体の識別に関わる情報処理 （低次から高次の意味処理を含む）	位置や運動を含む時空間的な情報処理
具体的な働きの例	モノの色や形を理解する	モノに手を伸ばし，掴む

ある前部外側帯領域は腹側及び眼窩前頭領域へと投射され，背側経路にある尾側外側野は頭頂及び背外側前頭前野へと投射されることが示されている（Cloutman, 2013）。

　では，実際の物体を前にした際に，2つの経路はどのように機能するのだろうか。

　腹側及び背側経路がどのように機能するのかを説明する認知モデルとして二重統合理論（dual-route theory）がある。二重統合理論はRiddoch, Humphreys, & Price（1989）によって最初に提案されたモデルであり，行為と音声の生成に至る過程を考案したものである。ここでは，本研究で焦点をあてる，物体情報の入力から行為の生成に至る過程にのみ言及する。行為の生成に至るまでに，物体を知覚し，その物体についての構造的な情報がまず構造記述システムにおいて処理される。その後，行為の生成へと至るか，意味システムを介してから間接的に行為の生成へと至るのかで分かれるとされる。行為の生成に至るまでに，どちらのシステムを介するのかは，行為生成の状況に依存して決定される。基本的には行為の選択過程においては構造記述システムから意味表象システムを介して行為の生成に至るとされるが，例えば，行為生成を素早く行う必要がある場合は，意味表象を介さず直接行為の生成に至るという。この理論は，構造記述システムは背側経路が，意味システムの応答は腹側経路が関連するという脳の機能的役割を想定し作られている。Yoon, Heinke, & Humphreys（2002）は計算論を用いて，Riddochらのモデルをさらに発展させたNaming and Action Model（以下，NAM）を考案している。NAMにおける構造記述システム及び意味システムはRiddochらと同じだが，意味知識を上位概念情報（例えば，工具）またはアイテムに特化した情報（例えば，ハンマー）に分類し，物体の視覚特性から意味知識を統合させる過程や詳細に説明している。ま

た，類似したモデルとしては "Two Action Systems" 説が Buxbaum & Kalénine (2010) によって提案されている。このモデルは，物体の構造をもとにした行為と物体の機能をもとにした行為はそれぞれ異なるシステムであると仮定している。物体の構造をもとにした行為についてのシステムは物体の形，サイズ，位置等の，現在の視覚情報をもとにした物体情報の取得に特化し，物体の機能をもとにしたシステムは，貯蔵された表象から行為の特徴情報の抽出に特化している。

　これらのモデルは，認識もしくは行為の遂行に関わる脳機能の損傷において生じる失認や失行等，状態像の説明にも役立てられており（Yoon et al., 2002），後述するように幼児期のスケールエラーの生成を説明するモデルにも応用されている（Grzyb et al., 2014; 2019）。

　次では2つの経路がいかに互いに補い合って働くのかについて説明する。

1-2　腹側・背側経路間の連絡と統合に関わる脳領域

　腹側及び背側経路間の相互作用については，どの程度，解剖学的かつ機能的になされているかは未だに不明であるが（Cloutman, 2013），Helbig, Graf, & Kiefer (2006) は，背側経路からの情報が腹側経路内の物体認識処理に与える影響を検討している。その実験ではプライム刺激に対してターゲット刺激のアフォーダンスが一致する場合と一致しない場合とで，その物体の名称を正確に答えられるかどうかを調べるものであった。その結果，参加者はプライム刺激に対してターゲット刺激のアフォーダンスが一致しない刺激よりも，一致する刺激において，物体の名称を正確に答えられたことから，Helbig et al. (2006) は行為に関する表象が物体認識を促進しうると述べている。また，これに関連して，Mahon, Costa, Peterson, Vargas, & Caramazza (2007) は，成人を対象とした fMRI 研究により，物体の使用に必要な機能の理解及び動作を尋ねる課題提示時の脳活動を調べた際に，腹側領域の左中側頭回と背側領域の左下頭頂小葉の脳領域のいずれの領域も活動することを明らかにしている。

　では，腹側及び背側経路ではどのような連絡がなされ，そして適切な行為の統合に至るのだろうか。

　刻一刻と変化する状況の中で，例えば，ある特定の状況においては行動をす

るが，それ以外の状況では行動を制御する等のより適切な行為の選択においては，腹側及び背側経路の相互作用だけでは不十分であり，アフォーダンスの選択及び行為の実行には，前頭皮質までをも含めた，脳領域間の連絡も必要であるとされる（Cloutman, 2013）。腹側及び背側経路は，背外側及び腹外側を含む前頭皮質まで広範な接続があることが報告されており，腹側及び背側経路の統合を果たすような潜在的な神経回路基盤が示唆されている（Cloutman, 2013）。例えば前頭皮質内の処理が視覚システム内の領域にフィードバックされるという知見もあり，前頭眼野（frontal eye field）が腹側経路にある V4 の神経活動を調整するといったような（Moore & Armstrong, 2003），前頭前野がトップダウン的に腹側及び背側経路の処理に関わる可能性もあるという（Cloutman, 2013）。

　では，物体から得られた情報をもとに適切な行為に至るまでには，具体的にどのような脳内の働きがあるのだろうか。物体に関わる際には，物体の複数のアフォーダンスが想定される。例えば，目の前にあるカップを口に運ぶ場合と，カップをどける場合とでは，それぞれで選択されるアフォーダンスが，カップの飲み口か，カップ本体かで異なるだろう。ここでは，観察された物体のアフォーダンスから，ある特定の行為が選択されるまでに関連するとされる脳領域を説明する（図 1-1）。

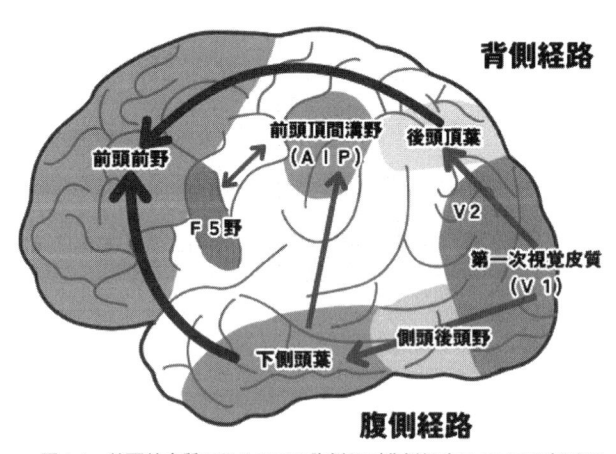

図 1-1　前頭前皮質に至るまでの腹側及び背側経路についての概略図

　物体の意味認識に関わる処理は主に腹側経路により表現され，動作に関わる処理は背側経路で主に表現されるが，物体の詳細な特徴情報は V2 から始まる視覚前野で処理され，その後，背側経路に含まれる運動前野の前頭頂間溝野（anterior intraparietal area; 以下，AIP）を経由し，F5 野にて符号化される（Borra et al., 2008）。

　また，サルを対象にした実験から，以下のような知見も得られている。AIP には主に目標指向的な行為の実行の際に反応するニューロンがあり，F5 野は運動前野の中でも腹側前頭領域に位置し，F5 野には，特定の運動の行為へと変換する働きをするニューロンがある（Murata et al., 2000）。これにより，物体のサイズや形が運動の相互作用と一致している際に，物体の形の視覚表象への応答が可能になるという（Murata et al., 1997）。物体のアフォーダンスの情報が，AIP から F5 野に至ることで，状況に適した潜在的な動作へと変換するように表現される可能性が，この実験により明らかになっている（Murata et al., 1997）。具体的には，AIP において物体のあらゆるアフォーダンスが抽出され，物体に関わる際の意図に応じた特定のアフォーダンスの選択が表現される。F5 野では，抽出された物体のアフォーダンスを，適切な運動行為に関連付けることができる。また，背側領域の AIP と強く関連する腹側領域にある下側頭葉は，意味認識の側面から，物体の標準的な使用法と関連付けられる。このような下側頭葉の連絡により，F5 野にて，得られたアフォーダンスの情報が，意味認識及び運動側面からの物体の使用と矛盾しない適当な潜在的動作へと符号化されることとなる（Kandel, 2013 金澤・宮下監修 2014, p. 417）。実際の行為の実行においては，F5 野において，指や手の開閉などに関与するニューロンが活性化するのを助ける。こうした F5 野における活動により特定の運動の内部表現が連絡され，他の神経回路による抑制性制御により内的表現となっていた行動の抑制がはずされることで顕在的な行動が表現される（Kandel, 2013 金澤・宮下監修 2014, p. 865）。これらはサルの実験から得られた知見ではあるが，ヒトにおいてもこうした脳内処理が行われることにより，通常とは異なる物体の使用が意図されても，その意図に合致したアフォーダンスの選択がなされ，適切な振る舞いが可能になると考えられる。

　以上，主にサルや成人の腹側及び背側経路の相互作用及び連絡に関わる領域

を通して，いかに認識及び認識に基づく行為の統合がなされているのかについて概説した。では，乳幼児期の腹側及び背側経路の統合に関してはどのような知見の蓄積があるのだろうか。

1-3　腹側・背側経路の統合に関する発達研究

　幼児の場合，腹側及び背側経路の発達の順序としては，腹側経路における物体認識がまず発達し，その後，背側経路における運動制御プログラムが発達するという知見が報告されている（Nardini et al., 2008; Street, James, Jones, & Smith, 2011）。しかしそれらの発達の順序については，各経路に関する個別の実験により明らかにされているのみで（Street et al., 2011; Wilcox, 2005），1歳半以降の幼児の腹側及び背側経路に関わる情報処理の統合に関する知見は非常に少ない。

　ただ，乳児を対象に，背側及び腹側経路に関わる行為の組織化に必要とされる情報処理能力を検討した実験はある。例えば，Mareschal & Johnson（2003）は，4か月の乳児に対し，遮蔽物の背後に2つの異なる物体が見え隠れする様子を繰り返し見せる実験を行っている。この実験における2つの物体は，ある条件では手で操作できる刺激であり，また，ある条件では顔やアスタリスクなどの視覚刺激であった。遮蔽物に隠れた物体が再出現する際には，物体の特徴または物体の位置が変化しているか，あるいは特徴及び位置の両方が変化している条件であった。この場合，顔やアスタリスクなどの刺激は，物体の特徴情報となるため腹側経路が活動しやすいと考えられ，操作可能な物体及び物体の位置の変化には，物体の空間及び位置についての情報となるため背側経路が活動しやすいと考えられた。この実験では，物体の特徴及び位置が変化した際の乳児の注視時間が調べられた。その結果，乳児は物体の特徴あるいは位置が変化した状況では注視時間が増えたが，特徴及び位置情報の2つの条件が変化したときには注視時間の変化は見られなかった。このことは，乳児が腹側経路と背側経路に関する情報処理を同時に行うことができず，どちらか一方の情報のみを符号化できることを示しており，この時期の子どもは腹側及び背側経路に関わる情報処理を統合する能力が未熟であることを示す証拠であるとMareschal は結論づけている。

　上記の注視時間を調べた研究以外にも，乳児の掌握行動や探索行動に関する知見があり，また，乳児期以降であっても，幼児期（18-36 か月児を対象：Nardini et al., 2008），さらには児童期（5-8 歳児を対象；Hadad, Avidan, & Ganel, 2012）においても，背側及び腹側経路に関わる複数の情報を同時に処理することが難しいことを示す結果もある。これらの知見から，子どもにとって知覚経験を物体表象に統合する能力には限界があり（Berthier, DeBlois, Poirier, Novak, & Clifton, 2000; Johnson & Mareschal, 2001），腹側及び背側経路に関わる行為の組織化に必要な情報統合は発達途上にあるといえる。

1-4　ま と め

　以上，サルやヒトを含む霊長類の認識や行為に関わる視覚処理に関与する，腹側経路と背側経路の処理経路の認知及び脳内メカニズムやモデル，また，腹側及び背側経路の連絡と統合に関わる脳の働きについて概説し，さらには，主に乳幼児の腹側及び背側経路に関わる情報処理能力についての実験的知見を紹介した。

　Mareschal & Johnson（2003）の研究にもいえるように，乳児期の腹側及び背側経路に関わる情報処理に関する知見は，注視時間を用いたパラダイムによる物体情報の保持及び符号化の能力にのみ着目しており，行為産出を含めた，認識に基づく情報処理に関する研究はこれまでのところなされていない。しかしながら，次で説明する幼児期のスケールエラー現象は，その解明により，幼児期の認識及び認識に基づく行為の組織化に必要な情報処理の統合に関して重要な示唆を与えるのではないかとして，様々な研究者により注目されてきた（Carver, Meltzoff, & Dawson, 2006; Johnson et al., 2008; Nardini et al., 2008; Yoon, Johnson, & Csibra, 2008）。スケールエラーは，眼前の物体認識に加えて，実際の探索を伴う物体への関わりにおいて必要な情報処理をも含めた，認識に基づく行為選択に関わる認知情報処理が求められるものであり，腹側及び背側経路に関わる情報処理がいかに行われるのか，その統合に関して，1 つの答えを提示しうる可能性を持っている。次節ではスケールエラー現象の説明と，その背景，そして関連する認知機能について概説する。

第2節　物体認識とその行為に関わる発達メカニズム

2-1　腹側経路の発達に関する研究

　主に腹側経路が処理する物体認識については，その物体が眼前に見えなくともその物体を保持する能力や，個々の要素が1つのまとまりのある物体を成すことを理解し，個々の特徴を統合する能力がまず求められる。乳児の物体表象の保持に関する研究を初めて行ったのは，Bower（1974）であるとされる。彼は5か月の乳児に，繰り返し物体を提示した後，その物体を遮蔽物に隠し，再びその物体が現れた際に，その物体の変化の指標として乳児の視線のパターンや情動反応を調べた。5か月未満の乳児は遮蔽物から再出現した物体の変化に反応しないことから，こうした物体保持の理解が可能になるのは5か月以上であることを示唆した。Bower（1974）の行った実験は別の研究者らによる追試がなされなかったため，彼の結果には議論の余地があるとされるが（Krøjgaard, 2004），その後多くの研究者により Bower の考案した実験手続きをもとにした実験パラダイムが発展していった（Wilcox, 1999; Wilcox & Baillargeon, 1998; Xu & Carey, 1996; Tremoulet, Leslie, & Hall, 2000）。例えば Xu & Carey（1996）は，遮蔽物から再出現する際に物体の数を増加もしくは減少させた際にどのくらい乳児の注視時間に変化が見られるのかを検討している。また Wilcox（1999）は同様のパラダイムを用いて，物体のサイズ，形，色やパターンについて特徴情報を変化させたときの注視時間の変化を調べている。4.5か月ではサイズと色の変化に，7.5か月ではパターンの変化に，11.5か月で色の変化に気づくことができるようになるという。

　乳児の神経活動を脳波により検討した研究としては以下のようなものがある。Kaufman, Mareschal, & Johnson（2003）は，遮蔽物から物体が出現したり消失したりした際の，6か月の乳児の物体表象の活性化を検討している。遮蔽物に隠されたはずの物体が，思いがけず消失していた場合，乳児の側頭葉においてガンマ発火が見られることが明らかになった。この結果は，物体表象の保持についての神経活動がこの時期の乳児に見られることを表している。また，物体の特徴の統合における脳波研究では，成人を対象とした実験で，錯視図形で知られるカニッツァ図形を提示した際に，周波数40Hz の左前頭チャンネル

のガンマ発火が見られることが明らかになっており（Tallon-Baudry, Bertrand, Peronnet, & Perneir, 1999），左前頭は空間的に離れた物体を知覚的に統合する部位として知られている。この結果は 8 か月の乳児においても確認されており，カニッツァ図形刺激を提示した際には，成人と同様に左前頭チャンネルのガンマ活動が見られたが，コントロール刺激においてはそれらの反応は明瞭に見られなかったという（Csibra et al., 2000）。これらの脳波研究により，腹側経路において処理されるような物体認識に必要とされる能力が 1 歳未満において見られることが示唆されている。

　物体の特徴検知に関わる脳活動について，Wilcox et al. (2014) は 3-12 か月の乳児を対象に，物体の特徴（ここではサイズ，形，色）が変化した時の後頭領域と側頭領域の脳活動を調べている。その実験パラダイムでは，物体が衝立の裏を通過してまた現れる様子を繰り返し見せ，その後，衝立から物体が再び現れたときに，物体の特徴を変化させるというものであった。このときに，サイズのみの単一の特徴を変化させた場合や，サイズや形などの複数の特徴を変化させた場合など，さまざまな組み合わせで物体の特徴を変えて提示した。このときの乳児の脳活動の変化を調べた。その結果，3-9 か月の乳児は，形の特徴を変化させた場合においてのみ前側頭葉が活動し，11-12 か月の乳児は，色と形それぞれの単一の特徴が変化した場合において，前側頭葉が活動することが示されたが，物体の特徴情報を変化させないコントロール条件においてはその領域の活動が見られなかった。これらの結果から Wilcox らは，物体の特徴の変化などの物体認識には，前側頭葉の活動が関わるとし（Wilcox et al., 2005），腹側処理の機能的な組織化は 1 歳ごろから行われると述べた（Wilcox & Biondi, 2015）。

2-2　背側経路の発達に関する研究

　背側経路の発達は，運動システムの発達と絡み合っている。物体への手伸ばしが最初に見られるのは 5 か月頃であり，6-8 か月で安定して座れるようになってから，物体への探索は洗練されていく（Soska, Adolph, & Johnson, 2010）。物体に関わる際に物体のサイズや向きに応じて手の位置を調整するなどの背側経路に関わる能力は，この時期に向上するとされている（Lockman,

Ashmead, & Bushnell, 1984; von Hofsten & Fazel-Zandy, 1984)。

　1歳未満の乳児の背側経路の発達に関連する実験としては，事象関連電位を用いて目標指向的な行動に対して先行的なサッケードが見られるのかを検討したものがある。頭頂皮質は眼球運動制御に関わるとされる（Johnson, 1995）。成人においては，頭頂皮質全体において，スパイク電位と呼ばれるサッケードに先行する特徴的な成分が記録されることが明らかにされており（Csibra, Johnson, & Tucker, 1998），サッケードの生成においては，頭頂皮質が役割を果たす。成人と比べ振幅は小さいが，12か月の乳児においても同様の活動電位が確認されている（Csibra, Johnson, & Tucker, 1998）。しかし，Csibra, Johnson, & Tucker（1998）は，6か月の乳児においては，成人及び12か月児と同様の全サッケード電位が頭頂皮質において確認されなかったことを報告し，この時期の乳児の視覚によって導かれた応答は，上丘を介する皮質下の経路において主に制御されていることを述べている。これにより，サッケードへのプランニングに対する頭頂全体への活動は，成人と同じ経路を持つようになるのは12か月頃である可能性が指摘される。正しい空間位置へのサッケードを行うにあたり網膜外の座標を利用する能力の発達は，生後7か月に見られることが報告されていることから（Gilmore & Johnson, 1997），比較的単純な眼球運動制御の発達は1歳未満から見られるとされるが，いずれにせよ，Johnson, Mareschal, & Csibra（2008）は，サッケードに関わる運動制御の知見から背側経路の発達が見られるのは1歳頃であり，6か月頃から発達するとされる腹側経路と比べて，背側経路の発達は比較的遅いと述べている。

　また，Wilcox et al.（2010）は物体の特徴検知に関する実験の中で，乳児の頭頂葉の活動を調べている。その実験では，色や形のみならず，物体の動きの変化に関して頭頂葉の脳活動に変化が見られるのかを検討している。5-7か月児は物体の色や形を変化させた条件及び物体を変化させない統制条件においては頭頂葉の活動は見られないが，動きに関する処理においては頭頂葉の活動が見られることを報告している。

　1歳以降になると，幼児の物体への行為は物体の形に応じてより複雑になる。例えば，物体を積み重ねたり，穴に物体を入れたり，ふりを伴うような遊び等，様々な行為をしていく。背側処理の発達的変化に関する研究は少ないと

されるが (Barrett & Needham, 2008)，行動実験においては，物体を他の物体に当てはめるなど，幼児があらかじめ，どのようなプランを持って物体に関わるのかについて調べた研究はいくつかある。Örnkloo & von Hofsten (2007) は，14-26 か月児が，形の異なる物体を穴に当てはめる際に，その物体をどのように当てはめようとするのかを調べた。18 か月以下の幼児は物体を適切な向きに手の位置を変え，挿入することができないが，22 か月以上になると，物体の向きに応じて物体を入れることができ，物体を挿入する前に，物体の向きに応じて手の握り方や向きを調整することもできる。これは，物体の幾何学的特性をもとに行為を計画することができることを示しており，2 歳頃に背側経路に関わる能力の発達的な変化が見られるとされている (Street et al., 2011)。

2-3　腹側経路と背側経路の統合に関する研究

　1 歳以降に物体認識と認識に伴う行為の発達の変化が見られるとされ (Johnson & Mareschal, 2001)，2 つの経路は統合されていくという (Káldy & Leslie, 2005; Kaufman et al., 2003; Southgate et al., 2008)。2 歳になると，2 つの視覚システムの働きはより明確になり (Pereira & Smith, 2009)，物体への振る舞いはより精巧になり，物体の持つ特性に依存した行為が可能になる (Shutts et al., 2009)。2 つの経路の発達の順序としては，腹側経路における物体認識がまず発達し，その後背側経路における運動制御プログラムが発達するという知見が報告されている (Nardini et al., 2008; Street, James, Jones, & Smith, 2011)。

　腹側及び背側経路の統合が未熟であるとされるこの時期の子どもは，行為の組織化に必要な情報をうまく統合できないことが視線及び探索を含む行動によって表されているという (Gjersoe & Hood, 2009)。

　これを示す例として，視線を用いたパラダイムと探索行動をもとにしたパラダイムでは，得られる結果がそれぞれで異なるという知見がある。例えば，物体の知識の理解が求められる課題について，2 か月半の乳児では視線を用いたパラダイムの課題に成功するが (Spelke et al., 1992)，探索行動を用いたパラダイムでは 2 歳であってもその課題には成功しない (Berthier et al., 2000; Hood et al., 2003)。具体的に述べると，Spelke et al. (1992) は，2.5 か月の乳児に，

転がってきたボールが遮蔽物手前で止まる様子を繰り返し見せ馴化させた後，テスト試行で，遮蔽物手前でボールが止まる条件と，遮蔽物の先でボールが止まる条件を見せたときの乳児の注視時間を調べた。ボールが遮蔽物を通過しえないという物理法則を乳児が理解しているのであれば，遮蔽物よりも先にボールが止まった場合に，起こりえないことが起きていると驚き，注視時間が増加すると考えられた。実験の結果，2か月半の乳児は，予想通り，遮蔽物の先でボールが止まる条件を見せたときに注視時間が長くなった。Spelke らは，この時期の乳児が物理法則に基づいて物体の位置を推測し，理解している可能性を明らかにした。Berthier et al. (2000) は，Spelke らの実験を，2歳，2歳半，3歳児の実験に応用した。この実験では，転がってくるボールが遮蔽物の先で止まるが，遮蔽物の側面には4つのドアがあり，幼児は停止したボールがどの位置にあるのか，4つのうち1つのドアを開けて探索する必要があった。Spelke らの実験と同様に，ボールが遮蔽物を通過しえないという物理法則を理解していれば，幼児は遮蔽物手前の位置にあるドアを探索するだろう。実験の結果，12試行のうち遮蔽物手前にあるドアを探索できたのは，2歳児では全体の2割程度，2歳半児では全体の3割程度であったが，3歳児では約7割であった。Berthier et al. (2000) の研究に続き，Hood et al. (2003) は同様の課題で2歳半児と3歳児の探索行動にあわせて彼らの注視時間も計測したところ，いずれの年齢においても遮蔽物の先でボールが止まるという予期しない出来事において注視時間が増加したが，探索行動においては2歳半児は有意に成功率が低かった。Gjersoe & Hood (2009) は，乳幼児による物体の物理法則の理解は，注視時間において反映されるが，探索行動においてはその理解を反映することができないとし，この時期の乳幼児における行為の組織化に必要な情報処理の統合の未熟さを示す証拠であると述べた。

　では，行為の組織化に必要な情報処理の統合の未熟さとは，具体的にどのようなことを指すのだろうか。これについては，1歳頃の乳児が複数の情報を心的に保持するのが困難であることを示す実験により示されている（Bertenthal, 1996; Johnson & Mareschal, 2001）。例えば，乳児の注視時間を指標にした研究では，乳児は物体の特徴と空間的な位置という複数の情報を保持できず，それぞれが単一に提示されたときにその情報を保持できることが明らかにされてい

る（Bremner, Bryant, & Mareschal, 2006; Ellis & Oakes, 2006; Wilcox, 1999）。このことから，この時期の子どもにおいては知覚経験を物体表象に統合する能力には限界があるという。Mareschal & Johnson（2003）は，物体の特徴及び位置が変化した際の乳児の注視時間を調べた結果，乳児は物体の特徴あるいは位置が変化した状況では注視時間が増えたが，特徴及び位置情報の2つの次元が変化したときに注視時間の変化は見られなかった。このことは，乳児が一度に符号化できるのは腹側経路・背側経路どちらか一方の情報のみであり，両方の処理を同時に行うことはできないことを示唆しており，この時期は腹側及び背側経路に関する統合が未熟であることを示す証拠であるとされている。上記の注視時間を調べた研究以外に，乳児の掌握行動や探索行動に関する研究でも，背側及び腹側経路に関わる情報処理を同時に保持することが難しいことを示す結果が示されている（Hadad, Avidan, & Ganel, 2012; Nardini et al., 2008）。

2-4　まとめ

　以上，腹側及び背側経路の発達と，腹側及び背側経路の統合に関する乳幼児研究を紹介した。1歳未満の乳児について，腹側領域においては物体表象の保持や物体の特徴の検知に関する能力が確認され，またそれらの脳活動は主に側頭皮質において見られることが明らかになっている。背側領域においては，6か月頃に眼球制御運動や物体の動きへの応答性が，主に頭頂皮質の脳活動から確認され，行動計画をもとにした物体操作は1歳以降に発達していくことが明らかになっている。

　しかし，これらの知見においては，成人に見られるような腹側及び背側経路の発達をどの程度反映しているものかは明らかになっていない点が多い。また，探索を伴う物体への関わりにおいて必要な情報処理は，眼前の物体認識に加えて，その物体に関わる際に必要とされる認識に基づく行為選択に関わる認知情報処理が求められる。

　ここまで，行為の組織化に必要な情報をうまく統合できないことを反映した現象として，乳幼児期の視線と探索行動間の結果が一致しないことと，そうした不一致が生じる原因について整理した。注視時間に基づくパラダイムでは

16

達成できる課題が，探索行動に基づくパラダイムになると通過できなくなることは，認識に基づく行為選択に必要な情報処理の発達が，幼児期まで続く可能性を示唆している。行為の組織化に必要な情報処理の統合の未熟さが生じうる原因について Mareschal & Johnson（2003）は，乳児の注視時間を用いたパラダイムにより検討している。彼らは腹側及び背側経路に関わる情報処理を検討するうえで，物体情報の保持及び符号化の能力に着目しており，認識に基づいた物体への振る舞いへといかに反映されるのかについての検討はなされていない。しかし，こうした情報統合の未熟さが幼児期まで続くことの反映として，幼児期のスケールエラー現象があるのではないかとして，様々な研究者により考察がなされている（Carver, Meltzoff, & Dawson, 2006; Johnson et al., 2008; Nardini et al., 2008; Yoon, Johnson, & Csibra, 2008）。

　認識及び認識に基づく行為の組織化に必要な情報処理の統合は，いかなる能力の発達においてなされるのだろうか。それについては，1，2歳頃に見られるスケールエラーという現象を調べることで解明できると考えられる。次節ではスケールエラー現象の説明と，その背景，そして関連する認知機能について概説する。

第3節　物体認識とその行為の統合を解明するための現象：スケールエラーとは？

3-1　スケールエラーとは何か

　スケールエラーとは，幼児が，サイズが明らかに適切でない物体に対して，自分の身体またはほかの物体を無理やり当てはめようとする行動である（DeLoache, Uttal, & Rosengren, 2004）。例えば，幼児は，人形に履かせるような非常に小さな靴を真剣に履こうとすることがあるが，これはスケールエラー現象のひとつである。スケールエラーは DeLoache et al.（2004）によって初めて報告された現象であり（DeLoache et al., 2004），幼児のスケールエラーを調べるための実験手続きもその研究により紹介されている。その手続きは，通常サイズの道具を提示し幼児に自由に遊ばせたのちに，その道具のサイズを幼児が見ていない間にミニチュアに置き換え，幼児が通常サイズ時と同様の振る舞いをするのかを観察するものであった（DeLoache et al., 2004）。スケールエラ

ーを示したか否かの評定は，その行為が非常に真剣であり，かつ固執の程度が高いかどうかによって評定される。DeLoache らの実験の結果，18-30 か月の幼児 54 名がスケールエラー課題に参加し，そのうち，25 名の幼児が少なくとも 1 回はスケールエラーを示すことが明らかになった。さらに，その頻度については，18-30 か月の月齢の中でも特に 24 か月で最も多く見られ，かつその前後の月齢での生起が少ないことから，スケールエラーは逆 U 字型の発達パターンを示すことも彼女らは報告している。

　こうした DeLoache et al. (2004) の研究を発端に，幼児のスケールエラーに関する研究が追試されることとなった。その後の研究により，スケールエラーは実験室 (Brownell, Zerwas, & Ramani, 2007) だけでなく，家庭や (Ware, Uttal, & DeLoache, 2010)，教室などの場面でも観察されることが明らかになった (Rosengren, Carmichael, Schein, Anderson, & Gutiérrez, 2009)。例えば Rosengren et al. (2009) は，3 か月にわたり教室にミニチュアサイズのおもちゃを提示し，どのような物体において最も多くスケールエラーが見られるのかを観察したところ，乗り物や椅子などの特定の物体に対してより多く見られることを報告した (Rosengren et al., 2009)。

　スケールエラーの生起頻度における個人差を調べた観察研究もある (Rosengren et al., 2009; Rosengren, Schein, & Gutiérrez, 2010)。Rosengren et al. (2010) は，18-29 か月の幼児に，ミニチュアのおもちゃを 10 週間の期間，週に数回，各 20 分間提示し，幼児の行動を観察した。10 週間にわたる観察のなかで，24 名のうち 21 名がスケールエラーを示したが，その回数や頻度には個人差が見られた。1 日に 16 回示す幼児もいれば，1 日に 1 回の幼児もいた。さらにその頻度においては，11 日以上連続してスケールエラーを示す幼児もいることも観察された。どのような物体でスケールエラーを示したのかについても個人差があり，1 つの物体に対してのみスケールエラーを示した幼児 (12 名) もいれば，複数の物体に対してスケールエラーを示した幼児 (9 名) もいた。

　また，スケールエラーがどの月齢において最も多く見られるのかについては Rosengren et al. (2009) が報告している。彼らは，3 か月間にわたって，保育園の月齢の異なる教室 (それぞれ，4-16 か月，17-28 か月，29-40 か月) にミニチュアサイズのおもちゃを置き，幼児たちの行動を観察した。その結果，3 つ

の年齢群の中で，17-28 か月の幼児が，他の 2 つの年齢群と比較して，最も多くスケールエラーを示すことが報告された。スケールエラーの生起頻度に関する最近の知見では，DeLoache et al.（2004）の実験よりも，より多くのサンプルサイズ（125 名）でスケールエラーの生起頻度を分析した Grzyb et al.（2019）の報告によると，スケールエラーの頻度は 18 か月が最も多く，3 歳以降が最も少ない傾向にあった。これにより，DeLoache et al.（2004）が最初に報告した 2 歳頃に最も多くスケールエラーが表出されるという，きれいな逆 U 字型の発達パターンというよりは，多少ピークに年齢幅のある分布である可能性が高いことが示されている。

　Ware, Uttal, Wetter, & DeLoache（2006）は，DeLoache et al.（2004）によってはじめて報告された幼児の身体と物体間のエラーだけではなく，道具を用いるときのような物体と物体との間でもスケールエラーが確認されるのかを検証している。Ware et al.（2006）は幼児に，人形と，その人形のサイズに適したサイズの物体で遊ばせた後，人形サイズに適さないサイズの物体に変え，幼児が，人形に対してミニチュアサイズの物体を当てはめるような行動を示すのかを観察した。その結果，74 名中 46 名の幼児（16-40 か月）が，少なくとも 1 回はミニチュアサイズの物体を人形に当てはめるといった，スケールエラーを示すことが明らかになった。

　Ware et al.（2006）の研究に続き，Casler, Eshleman, Greene, & Terziyan（2011）は，20-42 か月の幼児の，道具を用いた際のスケールエラーを検討した。彼女らは，通常サイズの装置と道具を幼児に提示し，自由に遊ばせたのちに，道具のサイズをミニチュアサイズに変え，そのときに，装置に対してミニチュアサイズの道具を当てはめるような振る舞いをするのかを観察した。その結果，Ware et al.（2006）の研究と同様に，道具に対してスケールエラーをすることが明らかになった。彼女らはさらに，ミニチュアサイズの道具よりも生起頻度は少ないものの，非常に大きなサイズの道具を通常サイズの装置に当てはめるようなエラーが見られたことも報告している。Casler et al.（2011）の道具を用いたスケールエラー課題に関する研究は，その後も別の研究者らによって追試され（Hunley & Hahn, 2016; Oláh, Elekes, Peto, Peres, & Király, 2016），身体と物体間に限定されずに，物体間に見られるエラーもスケールエラ

ーと位置付けられるようになった。

3-2　スケールエラーの背景にあるメカニズム

　前項では，スケールエラー現象を紹介し，スケールエラーが見られる月齢や
その頻度，さらには身体間のみならず物体間に見られるスケールエラーもある
ことを紹介した。スケールエラーはふりと明確に区別される現象であるとい
う。スケールエラーを見たことのない評定者であっても，幼児の振る舞いがス
ケールエラーであるか，ふりをする行動であるかを判断するように要求された
場合，スケールエラーはふり行動と明確に区別可能なことが示されている
(DeLoache, LoBue, Vanderborght & Chiong, 2013)。では，表出される行動上
の違いは，何によってもたらされるのだろうか。

　前述したように，スケールエラーの背景にあるとされるメカニズムは，腹側
及び背側経路の統合の未熟さに起因し，認識及び行為における乖離の反映であ
ると解釈されている (DeLoache & Uttal, 2011)。これは，ミニチュアサイズの
物体に関わる際に不適切な行動を選択するものの，実際のミニチュアに関わる
際の運動制御は物体に応じて細かく調整されるといったスケールエラーを示し
ているときの幼児の行動から導かれたものである (DeLoache & Uttal, 2011)。
例えば，ミニチュアの車のドアを開けて中に入ろうとする際に，幼児はしゃが
んだり，ゆっくりと足を入れたり，ミニチュアの車のサイズに合わせた試みを
する。この例のように，スケールエラーではミニチュアサイズの物体に関わろ
うとする行為の選択は適切ではなくとも，身体的な制御はサイズに応じて適切
になされているようにみえる。こうした振る舞いには認識及び行為の乖離が反
映していると DeLoache et al. (2004) は述べ，スケールエラーに見られる誤っ
た認識に基づく行為の認知プロセスは，例えば髪をとかす際にヘアブラシでは
なく歯ブラシを用いてしまう等，行為の実行は正確ではあるが行為の選択に誤
りが生じる失認症等の高次脳機能障害と類似するのではないかと考察している
(Glover, 2004; DeLoache & Uttal, 2011)。

　DeLoache et al. (2004) は，具体的なスケールエラーの生成メカニズムを次
のように説明している。まず，幼児がミニチュアサイズのおもちゃを見た際
に，物体の特徴についての情報が処理され，形や色などの特徴をもとに，通常

サイズの物体についてのカテゴリー表象（例えば「椅子」）が活性化されるという。次に，この活性化されたカテゴリー表象に従って，通常サイズの物体に関わる行為の計画（アクションプラン）が選択される。通常幼児期以降には，活性化されたアクションプランは眼前の物体のサイズに応じて抑制され，ミニチュアサイズに対応した行為の選択がなされる。しかし，スケールエラーを示す幼児は，活性化されたアクションプランをもとにした行為を選択してしまう。つまり，幼児の心的表象には，椅子として物体を同定するが，小さい，関われない等，サイズに関する情報が含まれておらず，活性化された物体表象と実際の物体サイズについての情報の統合に失敗した結果，スケールエラーが表出されるという（DeLoache et al., 2004; DeLoache & Uttal, 2011; Ware et al., 2006）。しかし，実際にミニチュアの物体に関わる際に，物体に応じた身体制御は正確になされるため，ミニチュアサイズのおもちゃへの関わりは適切に行われる（DeLoache et al., 2004）。スケールエラーは眼前のミニチュア物体のサイズ情報と，活性化された物体表象のサイズ情報を統合することに失敗して生起する現象だと DeLoache らは説明する。

またDeLoache et al. (2004) は，上記の解釈に加えて，行為の計画及び身体的制御のいずれにも関わるとされるのが抑制能力であると論じ，抑制能力の発達が，物体の認識と行為を行う際の視覚情報の統合を促しうる要因の1つであると述べている（DeLoache et al., 2004）。

DeLoache et al. (2004) が挙げた説，すなわちスケールエラーは幼児期の認識や行為の統合の欠如及び抑制能力の未熟さを反映した現象であるという説は，最も有力視され支持されてはいるものの，そのメカニズムの機序においては本章で整理してきたサルやヒトを含む霊長類の脳内の働きとは矛盾する点も含まれている。

DeLoache らは，物体のカテゴリーやその物体のアクションプラン等の物体認識及び認識に基づく行為選択は腹側経路にて処理され，実際の行為に関わる身体や運動制御は背側経路にて処理されると主張している。一方サルを対象とした研究では，物体についての情報は主に腹側領域の下側頭皮質にて投射されるものの，物体に関わる際のサイズ情報や形についての情報は AIP 野など頭頂皮質でも処理されるため（Murata et al., 1997），行為の選択においては腹側

経路のみならず背側経路も介することが知られている。

　また，DeLoache らは，活性化されたアクションプランの抑制の失敗が，どの脳領域において生じうるのかは詳しく述べていない。物体のアフォーダンスを適切な運動行為と関連付けることを可能にさせる過程において，眼前のサイズ情報と活性化された運動表象の不一致により生じる神経及び脳活動を調べた研究は調べた限り見当たらない。しかし，前述したように，行為の実行時には，潜在的な動作についての抑制が外されることで内的表現が顕在化され，特定の運動の操作が選択されるという（Kandel, 2013 金澤・宮下監修 2014, p. 865）。ここでいわれる抑制と，DeLoache らの述べるアクションプランの抑制に関わる領域がどの程度対応しているのかは不明である。

　さらに，腹側及び背側経路の連絡において投射される前頭皮質の働きと，DeLoache らの述べる抑制能力の発達がどの程度関連しているのかもやはり不明である。

　それゆえ，DeLoache らの説のみでは説明が不十分であり，スケールエラーが幼児の発達におけるどの部分の未熟さを反映しているのか，それぞれの研究者が異なる見解を持っている。次項ではスケールエラーがどの部分の未熟さゆえに生じうるのかについて，これまでの知見を紹介する。

3-3　スケールエラーはどの部分の未熟さを指しているのか

　まず，サイズ情報の見落としといったサイズ変化に伴う物体サイズを検知する能力の未熟さに原因を求める説を紹介する。この説では，物体のサイズが通常サイズからミニチュアサイズへと変化したことに幼児が気づかず，ミニチュアを通常サイズの物体であると認識しているためにスケールエラーが生じると考えている（Grzyb, Cangelosi, Cattani, & Floccia, 2017）。DeLoache et al. (2004) は，19 から 28 か月の幼児に，通常サイズとミニチュアサイズの物体を同時に提示し，どちらを選べば「車を運転したり，椅子に座ったりできるか」を尋ねた際に，幼児は適切なサイズの物体を選択することができたことから，スケールエラーは相対的なサイズについての判断ができないために生じるわけではないことを報告した。スケールエラーを示す幼児は，そもそもサイズが通常サイズからミニチュアサイズに変化したことに気づいていない可能性を

Grzyb et al.（2017）は指摘し，アイトラッカーを用いた以下の実験を行った。その実験では，モデルが適切なサイズの物体を用いている画像を提示した後，その物体のサイズを不適切なサイズに変えた画像を提示するものであった。例えば，モデルが適切なサイズの電話をかける様子を写した画像を示したのちに，その電話のサイズを非常に大きなまたは小さなものに変えた画像を示した。ここでは，適切なサイズの物体を用いて行為する画像に比べて不適切なサイズで行為する画像への注視時間が増加した場合，物体のサイズ変化の検知の表れとされた。このときに，スケールエラーを示す幼児と示さない幼児とで適切なサイズから不適切なサイズに物体が変化したときの注視時間が比較された。その結果，物体が不適切なサイズに変更された場合，スケールエラーを示さない幼児の注視時間の増加率は，スケールエラーを示す幼児よりも大きいことが示された。この結果から，Grzyb et al.（2017）は，サイズ変化に伴う知覚情報を無視してしまうことがスケールエラーにつながると結論付けた。

　次に，サイズ理解の未熟さに原因を求める説である。この説では，幼児自身の身体サイズの理解の未熟さによってスケールエラーが生じると考えられる（Brownell, Zerwas, & Ramani, 2007）。Brownell et al.（2007）は，18，22，26か月の幼児を対象に，スケールエラー課題に加えて自身の身体についての理解を調べるための実験課題を実施した。人形の服課題では，人形の身体に適したサイズの服や靴などを手渡された際に，幼児がそれらを身に着けようとするかどうかを調べた。ドア選択課題では，幼児の身体に適したサイズの入り口と非常に小さいサイズの入り口を目の前に提示された際に，どちらのドアを選択するのかを調べた。このとき，非常に小さな服を身に着けようとした場合と，非常に小さいドアを通り抜けようとした場合に，エラーと評定された。結果として，スケールエラーの数と，人形の服課題の得点及びドア選択課題の得点との間には有意な正の相関が見られた（スケールエラーの数と人形の服課題 $r = .56$，スケールエラーの数とドア選択課題 $r = .31$）。こうしたことから，Brownell et al.（2007）は，スケールエラーは幼児の身体についてのサイズ理解の未熟さに起因するとしている。

　また，道具とその使用に関する強いバイアスによってスケールエラーが生成されると考える説もある（Casler et al., 2011）。例えば，幼児がミニチュアの靴

やミニカーを見た際には，靴は履くもの，車は乗るものなどといった，その物体の機能的情報が自動的に誘発される teleo-functional バイアスや，道具に対してはその機能のみしか当てはまらないと考える機能的固着というバイアスが働くという（Casler et al., 2011）。スケールエラーを示す幼児においては，これらのバイアスが優先されるために，サイズ情報が無視されるという。Casler et al.（2011）の実験では，道具の新奇度にかかわらず，道具の使用方法を提示されたときに，幼児はスケールエラーを示すことが明らかになった。このように，ミニチュアの物体を見た際に，たとえそれが自分の体に不適切なサイズであった場合でも，道具の使用に関するバイアスが自動的に誘発され強く活性化することにより，スケールエラーにつながると考えられている。

　さらに最近では，スケールエラーは，語彙の獲得過程において見られる現象だと主張する立場もある（Grzyb, Cattani, Cangelosi, & Floccia, 2014; Grzyb et al., 2019; Hunley & Hahn, 2016）。

　Grzyb et al.（2019）は，幼児期初期は，アフォーダンス等知覚的な情報をもとに行為の選択を行うが，語の意味を学ぶことで，行為に対応した意味に関する表象が強く活性化すると主張している。幼児は適切な行為においては物体の視覚的特性によって活性化された行為と通常の行為選択の際の意味的な知識とを統合させる必要がある。スケールエラーを示す幼児の行為選択には，「車」や「乗る」などの意味に関する表象をもとにしたものと，眼前の物体から得られる視覚情報をもとにしたものがあるが，幼児が物体名などの語彙の学習を開始すると，行為の選択は実際のサイズのような知覚情報ではなく，「車」等の意味表象の影響を受ける可能性が高くなる。言語を学び始めた幼児は，意味表象が強く活動してしまうため，眼前の物体についての視覚情報が考慮されず，いわば物体とその行為の関連付けの誤学習が生じることでスケールエラーが生成されると論じている。Grzyb et al.（2019）は，上記の解釈に基づき，Yoon, Heinke, & Humphreys（2002）によって提案された NAM を応用し，Developmental Deep Model of Action and Naming（DDMAN）というスケールエラーの生成モデルを提案した。DDMAN では，行為生成に至るまでの過程に，発達上に想定される感覚運動システムの入力も含めている。Grzyb et al.（2014; 2019）は，こうした主張及びモデルをもとに，獲得語彙数とスケールエラーの関連を検討

している。彼女らは，幼児を獲得語彙数に基づき３つのグループに分け（低：0-50 語；中：51-150 語；高：151 語以上），スケールエラーの数との関連を検討した。その結果，中程度の語彙数を持つ幼児は，語彙数の少ないまたは多い幼児よりもスケールエラーが多く見られることを示している（Grzyb et al., 2014）。また，Grzyb et al. (2019) の別の研究では，その月齢で想定される産出語彙数に対して，語彙数の少ない幼児よりも多い幼児のほうがスケールエラーを示す傾向があることが明らかになっている。これは，語についての意味表象の発達が月齢に対して早い幼児であるほど，形バイアスの影響を受けやすい，すなわち物体の形に目を向けやすいために，サイズ情報が無視されるのではないかと考察されている（Grzyb et al., 2019）。

　スケールエラーと語彙の獲得過程の関連を直接に調べたものではないが，Hunley & Hahn (2016) は道具を用いたスケールエラー課題を実施する際，道具にラベルをつけた条件とつけていない条件とで２試行行い，それぞれのスケールエラーの頻度を調べている。一般に，ミニチュアに繰り返し関わる経験によりスケールエラーの数は少なくなると報告されるが（Rosengren et al., 2010），道具のラベルのない条件では，２回目の課題のスケールエラーの頻度が減少したが，道具のラベルのある条件においては，その頻度が減少せず，維持されることが示された。この結果から，スケールエラーの生起には言語ラベルが影響する可能性があることが報告されている（Hunley & Hahn, 2016）。

　また，シンボル理解の発達がスケールエラーの減少と関連している可能性も挙げられている（Jiang & Rosengren, 2018）。Jiang & Rosengren (2018) はスケールエラーについては，ミニチュアを見た際に，幼児が見慣れた物体表象（例えば，椅子についての概念）が活性化され，その概念表象に関連した行動計画（例えば，座る）が活性化されるが，同時に，ミニチュアの物体が通常サイズの物体の一表象に過ぎないというシンボル理解が生じることによって，惹起された運動行動が抑制されるのではいかと述べている。さらに Jiang & Rosengren (2018) は，適切な大きさの物体とミニチュアの物体への接触経験の多さがその物体への理解を促進させると述べ，探索を通して，物体認識の理解をはじめとする幼児の概念理解の発達が促されることで，スケールエラー生成が抑制されるのではないかと述べている。しかしながら，シンボル理解とス

ケールエラーの関連性についての実証的な検討はこれまでのところなされていない。

3-4　まとめ

　以上，それぞれの研究者の立場から，スケールエラーの原因を説明する説を整理した。いずれの説においても，物体への振る舞いを決定するまでの認識及び認識に基づく行為のいずれかの過程においてスケールエラーが表出されると仮定している。

　スケールエラー生成に関わるとされる物体認識に関わる発達や認識をもとにした行為の発達は，幼児期においてはどのように発達するのだろうか。物体の大きさを知覚（認識）し，その物体への振る舞いを決定し，その行為に移るまでの過程においてどのような発達が見られるのだろうか。次の第4節では，まずはサイズ認識の発達，そして物体への振る舞いを決定し，その行為に移るまでのアクションプランの発達，さらには不適切な行為を抑制し，状況に応じて適切な行為を選択する際に必要とされる前頭葉の発達の中でも抑制能力の発達について概観する。

第4節　物体への適切な行為産出に関する発達研究

4-1　サイズ認識に関わる研究

　まず，物体のサイズ認識に関わる発達研究を紹介する。乳児のサイズ理解については，物体との距離が変化してもその物体の大きさがほぼ一定に知覚されるという大きさの恒常性を調べた研究を紹介する。大きさの恒常性は，空間内の物体の相対的なサイズに影響を受け，生後2日目あたりからすでに見られるとされる。Slater, Mattock, & Brown（1990）は，注視時間による選好注視パラダイムにおいて，乳児はある物体を異なる距離から繰り返し提示された後，新たに大きさの異なる物体が提示されたとき，これまで繰り返し提示されてきた物体よりも新たに提示された物体により長い注視を向ける（Slater et al., 1990）。この結果は，乳児が物体の網膜像の変化ではなく実際の物体のサイズの変化に反応していることを示唆する。視覚的なサイズは，観察者から物体ま

での距離と，物体の物理的なサイズによって決定される（Konkle & Oliva, 2011）。1歳未満の乳児は，サイズの小さな物体よりも大きな物体に目を向ける傾向があることも示されており（Newman, Atkinson, & Braddick, 2001），相対的なサイズの違いに敏感であることが示されている。その他，1歳未満の乳児のサイズ理解に関連する実験としては，Wilcoxの研究がある。Wilcox（1999）の行った実験パラダイムは，乳児の注視時間の計測の中でも，起こりうる事象に対して起こりえない事象を見たときの乳児の注視時間や心拍の変化量を調べる期待違反法を用いている。Wilcox（1999）の行った実験では，4.5か月の乳児に，物体が衝立の裏を通過してまた現れる様子を繰り返し見せた後，衝立から現れる物体のサイズを変え，このときの乳児の物体への注視時間が計測された。その結果，衝立から現れる物体のサイズが変わらない条件よりも，サイズが大きいものまたは小さいものに変化した条件において乳児の注視時間が有意に増加することが示された。

4-2　アクションプランの発達

　では，物体への振る舞いを決定し，その行為に移る際にはどのような能力が求められるのだろうか。我々は外界の事象についての習慣や規則性をもとに目標指向的な行為を事前に計画することで，時間的誤差を最小にし，かつ，円滑な身体操作が可能になる（von Hofsten, 2004）。こうした，意図性を持った行為がなされるプロセスは，アクションプランと言われており，特定の目的や目標を達成するために必要な一連の行為をイメージすることが前提となる（Örnkloo & von Hofsten, 2007）。音の鳴った方向に顔を向けたり，手を伸ばしたりする意図によらない行動は新生児から見られるが，乳児の行為が目標に向けて順序立てられたものになっていくのは生後3か月以降であるとされている（von Hofsten, 1984）。この証拠として，生後2か月の乳児は，物体が提示された際には，効果的ではないたたき方をするなど，偶発的に生じた行為によって物体への接触を試みるが，大体3-4か月頃には，乳児のリーチングは視覚的に導かれたものとなり，視覚的なフィードバックからリーチングを修正するようになり，意図性をもったものとなる（von Hofsten, 1984）。

　物体の目標指向的な行為には，アフォーダンスの学習が伴う（Claxton,

Melzer, Ryu, & Haddad, 2012）。乳児の目標指向的行為の達成においては，手や目の協同や（Pelz, Hayhoe, & Loeber, 2001; Yoshida & Smith, 2008），姿勢が柔軟かつ安定していることが欠かせない。歩行を始めたばかりの幼児（12-24か月）は，3歳児に比べて頻繁に頭を動かす傾向があり，頭を大きく動かすことで自分の体の動きを操作することを学ぶ（Shen et al., 2010）。頭部の安定性は乳児が一人で座ったり（Bertenthal & von Hofsten, 1998），歩き始める際に重要であり，同時に，注意を安定させたり物体についての学習の理解を助ける（Ledebt, 2000）。また，物体を掴むことでその注意が安定する（Claxton et al., 2012）。

　物体のサイズや向きを予期して調整する能力は，約5か月頃には見られるが，7-9か月の間には成人のように，物体の向きを考慮できるようになり，9か月頃にはサイズを考慮した掌握行動ができるようになっていくという（Schum, Jovanovic, & Schwarzer, 2011）。7-8か月児では，比較的小さな物体には片手を，大きな物体には両手を使うといった，サイズに応じた行為の選択を行っている（Fagard, 2000）。Siddiqui（1995）は，例えば物体をつかんでいる間に親指や人差し指などの手の形を変化させるような，物体のサイズに応じた手の調整は，5か月児から観察され，9か月児になるとそれがより洗練されていくことを報告している。また，Wentworth, Benson, & Haith（2000）は，8か月の乳児の掌握行動は安定し，効率的なものになるが，物体の方向まで考慮できるようになるのは11か月になるまで難しいと述べた。物体のサイズに応じた掌握行動の調整は様々に検討されている。McCarty, Clifton, & Collard（1999）は，様々な向きのスプーンを提示し，そのときに乳児がどのようにスプーンを掴もうとするのかを観察した。効率的にスプーンを口に運ぶには，前もって掌握行動をプランする必要がある。14か月児では30%が，19か月では85%がスプーンの向きに応じた最も効率的な掌握行動を示すことが観察され，道具を用いた際の目標に応じた効率的なプランニング能力が14-19か月の間に向上することが示された。これらの知見からも分かるように，目標に応じて効率的に道具を掴む能力は2歳頃から向上することから（McCarty, Clifton, & Collard, 1999; 2001），道具を使った行為に関する能力は，2歳頃に発達するとされている（Cox & Smitsman, 2006; McCarty et al., 1999）。

では，こうしたアクションプランはどのように発達していくのだろうか。ここでは，De Lisi（1987）による幼児期のアクションプランの4つの分類を紹介する。彼の分類によれば，第1の段階は，乳児には事前の行為の計画はなく，試行錯誤的に行為をするという。例えば，行為をして初めて自身の行動を修正する。次の段階は，とても短い文脈でのプランのみ存在し，行動の実行中にプランの修正を行う。例えば，スプーンを握った直後に，どのように振る舞うのかについてのプランが立てられる。このとき，スプーンを握って口に運ぶといった要素はプランされているが，具体的なスプーンの握り方までは含まれていないため，非効率的である。3つ目の段階は，行為の実行の前にプランが生じる。例えば，スプーンを握る前に，あらかじめスプーンの向きを考え，目標の状態を考えることができる。しかし，どの試みをするのにも，常に具体的な方法について計画を立て，目標を想定する必要がある。最後の段階は習慣的な解決法であり，最も効率的な方法でなされる。プランの形成は幼児の中で確立されており，物体へのプランがヒューリスティックスに一般化されている。したがって試行ごとにプランを解決したり，自分の行為を注意深く観察する必要はなくなる。このようにアクションプランの段階は年齢とともに高い水準へと移行することがわかっている。

　幼児のアクションプランを調べた先行研究としては，Street et al.（2011）やJovanovic & Schwarzer（2011）の実験がある。まず Street et al.（2011）は，幼児における物体の幾何学的特性に応じて自身の行為を調整する能力を検討するために，目標とする穴に物体を差し込むポスティング課題を用いた。ポスティング課題では，試行ごとに物体の向きが変わるため，参加児は，穴の向きに対して適切な角度で物体を差し込む能力が要求される。実験の結果，18か月児ではその課題に失敗したが，24か月児は課題に成功したことから，その月齢の間に，目標に対して適切な行為を選択し調整する能力において発達的な変化が見られることが示された。

　Jovanovic & Schwarzer（2011）は，バーの向きを試行ごとに変え，バーを筒の中に入れる際の幼児のグラスピング（掌握行為）の変化を観察した。幼児が効率的なアクションプランを選択するには，習慣的に身についている運動の反応を抑制したうえで，より適切なアクションプランの選択をしなければならな

い。実験の結果，ほとんどの 18 か月児はバーの向きが変わった際に，バーを筒の中に入れることができず課題に失敗した。24 か月児になると，課題は達成できるが，より効率的なアクションプランの選択を行うことができなかった。42か月になると，提示されたバーの向きに応じてより適切なアクションプランを選択し目標を達成することができる幼児が多かった。こうした結果から次のように考えられる。18 か月未満の幼児は適切なアクションプランの選択ができず，習慣的な反応に依存した行為を行う。18 か月になると，状況の理解は可能だが，状況に応じた適切なアクションプランが行えない。さらに 18 か月以降になると，適切なアクションプランの選択が可能になる。こうしたことから，Jovanovic & Schwarzer（2011）は，アクションプランの発達は 18 か月から生じるが，3 歳になるまでそれは安定しないこと，また，18-24 か月の間に重要な発達的変化を遂げる可能性があることを述べた。

　以上，物体への振る舞いについての目標指向的な行為を整理した。次節では，状況に応じて適切な行為を選択する際に必要とされる能力について説明する。

4-3　抑制能力の発達と前頭葉

　適切な行為をするには，不適切な競合する強い表象または運動の応答を抑制する能力が必要であり（Gjersoe, & Hood, 2009），こうした抑制能力等を含む，認知の柔軟性及び作業記憶といった高次の認知制御プロセスにおいては実行機能と呼ばれる認知機能が必要となる。実行機能は生後 1 年目の後半から出現し，就学前の年齢（2.5-5.5 歳）から劇的に発達するとされている（Baird et al., 2002; Diamond & Goldman-Rakic, 1989; Holmboe et al., 2010; Werchan, Collins, Frank, & Amso, 2016）。成人と学齢期の子どもの実行機能は，優位な行動を抑制する抑制機能，課題を切り替えるシフティング，情報を更新するアップデーティングなどの要素から成り立っていると想定されている（Miyake et al., 2000; Miyake & Friedman, 2012）。未就学児においては，実行機能の構成要素は葛藤抑制及び遅延抑制として説明されたり（Carlson & Moses, 2001），単一の因子モデルとして説明されたりすることがある（Wiebe, Espy, & Charak, 2008）。就学前年齢の実行機能の主要な構成要素についてはいくつかの見解が

あるが（森口，2014），実行機能課題中の幼児の脳機能については様々に調べられており，実行機能には前頭前野の成熟と強い関連があることが示されている。前頭前野の成熟は，物体の永続性に関する研究や（Piaget, 1962），ワーキングメモリ及び優位な反応の抑制を含む課題の通過を説明する際の要因の1つとして挙げられている（Diamond, Werker, & Lalonde, 1994）。

　乳幼児の実行機能の神経基盤を調べた研究はいくつかあるが（Baird et al., 2002; Moriguchi & Hiraki, 2009; 2011），Moriguchi & Hiraki（2009）では，近赤外分光法（Near-infrared spectroscopy; 以下，NIRS）を用いて，実行機能課題に取り組んでいる幼児の脳活動を調べている。その結果，前頭前野の有意な活動が見られることを報告している。具体的には，5歳児は課題を通過し，左右の前頭前野の有意な活動が見られた。しかし3歳児のほとんどが，前の試行で行った行為を切り替えることができず，固執的なエラーを示し，そのような児には当該領域の有意な活動は見られなかったという。さらに，Moriguchi & Hiraki（2013）は，2時点にわたる縦断研究を実施し，3歳で課題への固執的な誤りを示す児は，1年後に課題を通過し，前頭前野が有意に活動することが明らかになった。

　また A-not-B 課題を用いた実験においても，前頭葉の活動との関連があることが報告されている。A-not-B 課題では，箱Aにおもちゃを隠し，乳児に探索させる。この試行を複数回繰り返させ，その後，乳児が見えている前で，おもちゃを箱Bに移動する。おもちゃが箱Bに移動された後の乳児がどちらの箱を探索するのかを調べる課題である。このとき，乳児は，おもちゃがどこに隠されたのかについての情報を保持する能力と，箱Aを探す行動を抑え，箱Bを探すといった，優位な応答を抑える能力が求められるという（Diamond, 2002）。この課題は大体7か月半頃から12か月頃までに成功するようになるという。また，NIRS を用いた研究においても，隠されたおもちゃを探索できた場合において前頭葉が有意に活動することが明らかになっている（Baird et al., 2002）。また，A-not-B 課題において，健常なアカゲサルは，箱Aへの探索を抑え，箱Bへの探索を行えるが，背側前頭前野を除去したアカゲサルは，箱Aへの探索に固執し続けることが明らかになっている（Diamond & Goldman-Rakic, 1989）。これらの知見から，A-not-B 課題においては前頭前野の活動が関

連することが示されている。

　このように物体への行為を適切に行うには，状況に応じて不適切なアクションプランを抑制し，適切なアクションプランを選択するという抑制能力の発達が求められる。

4-4　ま と め

　以上，サイズ認識の発達，そして物体への振る舞いを決定し，その行為に移るまでのアクションプランの発達，さらには不適切な行為を抑制し，状況に応じて適切な行為を選択する際に必要とされる前頭葉の発達，とくに抑制能力の発達について概観し，物体への適切な行為産出についての発達的知見を紹介してきた。では，物体認識及び認識に基づく行為が適切に行われている状態ではどのような幼児の発達が見られるのだろうか。

　物体認識の発達は，モノの代用遊びなどのふり遊びの出現と強く関連する（Smith & Jones, 2011）。例えばバケツを帽子のように扱ったり，バナナを電話のように扱ったりなど，共通する抽象的な形から，異なるカテゴリーにある物体を同じものとして扱うことができるようになる。このように，物体への理解が促進されることで，物体への振る舞いが豊かになってくる。子どもはいかにして適切な振る舞いを学び，そこからさらに遊びへと発展させることができるのだろうか。第 5 節では，子どもがいかに探索から物体についての概念を学び，遊びにまで展開させていくのか，物体への関わり方についての発達研究を概観する。

第 5 節　物体への関わり方の発達：象徴機能や遊びとの関係

5-1　物体探索の発達

　物体探索に関する研究は，Piaget（1962）に端を発する。乳児期においては，探索に遊びよりも多くの時間が割かれ，物体との感覚運動のインタラクションを介して，環境から情報を獲得する（Bjorklund & Pellegrini, 2002 無藤訳 2008）。探索（exploration）とは，なじみのない物体に遭遇したときに最初に見られる行動であり，物体の特性や属性を調べるために，その物体に触ったり，

においをかいだり，なめたりする行動も含まれる（Pellegrini & Hou, 2011）。

　乳児が物に手を伸ばしたり，物を掴んだりできるようになる時期はおおよそ生後 4，5 か月頃から始まる。物体探索は視覚，口唇，手などといった様々な感覚器官によってなされるようになる。Rochat（1989）は，2 か月及び 3 か月の乳児の物体探索は主に口唇によってなされるが，4 か月及び 5 か月になると視覚に基づいてなされるようになることを明らかにした。より複雑でマルチモーダルな物体の探索が可能になる 5 か月以降には，形状や素材などの特徴に応じて仕方を変えるなど，探索はさらに洗練されていく（Needham, 2000）。

　Belsky & Most（1981）によれば，7.5-10.5 か月の乳児の活動は，物体の探索が多くを占める。物体探索が物体を用いた遊びに先行するとし，また探索と遊びは異なるものであるとされている（Pellegrini, 2013）。乳児の探索においては「それは何ができるのか？」に主眼が置かれ，遊びにおいては「それを使って何ができるのか？」に主眼が置かれる（Hutt, 1966）。この探索において得られた知識をもとに，その後の物体を用いた遊びへと発展していく。それゆえ，探索は新奇性のある物体に対してなされるのに対し，遊びは既知の（見慣れた）物体に対してなされる（Lillard, 2002）。

　Belsky & Most（1981）は，7.5 か月から 21 か月の乳幼児の探索を調べた。7.5-10.5 か月の乳幼児の活動は，物体の探索がほとんどを占め，物体へのふり遊びは見られない。9-10.5 か月になると，物体を命名し操作するようになり，探索と遊びが共起する。さらに 12 か月になると物体への探索及び命名とともに物体へのふり遊びが現れ，遊びを通して環境とのインタラクションができるようになっていく（Belsky & Most, 1981）。物体への遊びの発展に伴い，幼児期の探索に割かれる時間は行動全体の 2-15％となり，比較的少なくなっていくという（Pellegrini & Hou, 2011）。

　子どもは経験とともに，抽象的に物体を用いること，例えば物体が他の物体を表象することを学ぶ（Pellegrini, 2013）。物体を用いた遊びは，探索の発達と同様に，逆 U 字型の発達を遂げるとされ，12 か月頃に見られ（Belsky & Most, 1981），就学前（3-5 歳頃）に増加し，その後減少する（Pellegrini, 2013）。物体を用いた遊びは，他者との関わりを含んだ社会的なものとなっていく。例えば就学前の子どもにおいて一人遊びが占める割合は遊び全体の 2％以下である

が，他者との遊びは 12-28％となるという（Rubin, Watson, & Jambor, 1978）。

　また，探索により物体の特徴的理解が促進されるという知見もある。Needham（2000）は，3 か月半の乳児にあらかじめ物体を探索させた後，隣り合う特徴の異なる 2 つの物体を乳児が区別できるのかを調べた。その結果，探索を多く示した乳児であるほど，2 つの物体は異なるものであるという区別ができたが，探索の少ない乳児は区別ができなかったという。この結果から，乳児は探索によって物体の持つ特徴を認識し，隣接していても物体間の境界を判断できるようになるといえる。

　次項では，物体を含む子どもの遊びに関する発達段階を概説する。

5-2　遊びの発達段階

　Pellegrini（2013）によれば，物体を用いた遊びにはふりも含まれるという。ふり遊びに関する初期の観察研究によれば，15-18 か月の間にふりの振る舞いが見られはじめ，そして 24 か月頃には活発に見られるようになるという（Tamis-LeMonda & Bornstein, 1991）。2 歳児の遊びのなかでふりが占める割合は，5-20％にあたるとされている（Lillard, 2015）。ここでは，スケールエラーが最も多く見られるとされる 2 歳までの子どものふり遊びに着目した研究にのみ言及する。

　実験場面によってふり遊びの研究が体系的に始まったのは，日常場面における子どものふりに着目した Piaget（1962）に端を発するといってよいだろう。Piaget の理論では，遊びの発達は 2-4 歳頃の前操作期の段階を通して見られるが，前段階の感覚運動期から感覚運動期 VI（心的操作）へと移行することで，遊びも感覚運動遊びからシンボリックな遊びへと移行するという。Piaget によればシンボル遊びは 8 つの段階に分けられるという。ここではスケールエラーが多く見られる時期に相当する，18-24 か月までのシンボル遊びを見ていく。

　まず，第一段階では，幼児は他者が行っていた行為またはある物体が適用される状態をもとに見慣れた行為のパターンを適用する。この段階の遊びは，自己に向けられた行為を，慣習的な（儀式的）な行為や他者に向けた行為へと展開する。例えば，自分が寝たふりをした経験から，ぬいぐるみに寝たふりをさせる等である。次の段階では，他者の行為の模倣を始める。第一段階とは異な

り，幼児自身の行為をもとにせずに模倣がなされる。養育者が新聞を読んでいる様子を見て，自分も新聞を読むふりをするなどが挙げられる。第三段階では，幼児は，ある物体を別のものとして扱う。例えば，貝殻を使って水を飲む真似をしたり，バナナを電話に見立てたりする。第四段階において見られる遊びは顕著に脱文脈化されており，自分自身が犬や車などになりきり，振る舞ったりする。第一及び第二段階はおおよそ18か月に，第三及び第四段階は，おおよそ24-30か月の時期の幼児に見られるとされる。

Piaget以降の1970年代に，遊びに関する研究は横断的にも縦断的にも様々になされ，それぞれの研究者がPiagetの分類からさらに発展させていった。

縦断的なデータをもとに，Sinclair（1970）は幼児期の遊びの発達の段階を以下のように提案している。彼の理論によれば，12-26か月の間に見られる遊びは9つのカテゴリーに分けられるという。その中でも，16-26か月にかけて受動的な遊びから能動的な遊びへと展開するが，特に19-26か月以降においては，人形への生物らしさの帰属や代替遊びが見られると報告した。彼の理論を発展させたLézine（1973）は，24か月から36か月の遊びをさらに分類し，単純ではあるが代替遊びや眼前にある物体についての遊びが見られることを報告している。

横断的なデータによる研究では，Lowe（1975）は母子によるやり取りから，乳幼児期の自発的な遊びを分類している。彼女の観察によれば，12-18か月では，自己に向けられた慣習的な遊びが見られる。この時期は，あるものを別のものに置き換える代替遊びや，眼前にない物体を表象する遊びは見られない。次の18-24か月になると，他者に向けられた遊びへと発展する。例えば人形を使って食べさせるふりをさせたり，髪をとかすふりをしたりするようになる。しかしこの時期の子どもは，未だ遊びに関しては受動的である。次の30-36か月になると，遊びのスキーマに広がりが見え，能動的なものとなる。例えば自動車に人形を乗せて走らせるなど，人形に対して生き物らしさを帰属させるような遊びである。

5-3　ふり遊びに関する実証研究

ここまで，1歳から2歳頃の幼児の遊び方の発達段階について，初期の研究

を概観した。では，ふり遊びに関する実験はどういったものがあるのだろうか。Lillard（2001）はふりの定義を挙げ，ふりに表される現実を幼児は理解しており，かつふりは現実とは異なり，心的表象を現実に投影しているに過ぎないといった意識があるという。例えば，バナナを電話に見立てたふりにおいては，たとえ電話をかけるような振る舞いを示していたとしても，その子どもが電話を心的に表象していない限りそれはふりとみなされない。このようにLillard（2001）は，ふりの成立には，ふりとなる対象についての知識及び心的表象を保持する必要があるとし，ふりへの意識を重視している。また，Rakoczy & Tomasello（2006）は，ふり遊びには，関連する背景知識及び意図性を持っていることが必要であるとしている。例えば，ブロックを車に見立てる際には，車が何かということと，ブロックは本物の車でなく，ふりをしているに過ぎないということを自覚している必要があるという。

　子どものふり課題の多くは実験者が示したふりの行為を模倣できるかどうかによって測定される（Bates, Bretherton, Snyder, Shore, & Volterra, 1980; Fenson & Ramsay, 1981; Nielsen & Dissanayake, 2004; Rakoczy, Tomasello, & Striano, 2006）。最近では，ふりについての明示的なトレーニングを受けた幼児は，トレーニングを受けていない幼児に比べて，ふりの行為を同定する能力が高いことが明らかになっている（Rakoczy, Tomasello, & Striano, 2006）。こうしたふりの理解は 13 か月頃からできることが示されており，語彙の産出の時期とほぼ同じくらいに見られる（Bates et al., 1980）。しかし，模倣した行為が指し示す意図についての理解は 2 歳になるまで至らないという（Rakoczy, Tomasello, & Striano, 2004; Rakoczy & Tomasello, 2006）。Harris, Kavanaugh, & Dowson（1997）は幼児にふりと実際に行為する出来事を見せ，その後現実においてどちらが正しい結果となるのかを選択させた。例えば，実験者がぬいぐるみにミルクをかけるふりをする絵，もしくは実際にミルクをかける絵を見せ，その後，ぬいぐるみがミルクで濡れた絵と濡れていない絵を提示し，どちらを選択するのかを調べた。このときぬいぐるみにミルクをかけるふりを見た場合は，ぬいぐるみが濡れていない絵を選択することが正解となる。この実験の結果，2 歳頃の幼児は，課題に成功しないが，30 か月になると正しい絵を選択できるようになることが判明した。

　Elder & Pederson（1978）は2歳半から3歳半のふりと機能が類似しないものへの幼児の振る舞いを調べたところ，2歳半の幼児はしばしば物体の実際の機能に基づいた行為をするという。例えば，車を使って土を掘るように求められたときであっても，2歳半頃の幼児は要求された行為をせずに，車を転がすなど，物体をそのままの機能に基づき用いる。このように多くの幼児は，ふりの行為をするように求められたとしても，物体を置き換える行為はせずに，物体の実際の機能に基づいた行為をするという。2歳頃の幼児は機能を脱文脈的に使用することが特に難しいことが示唆されている。特に，井上（2011）は2歳頃の幼児が習慣的な物体の使用に忠実であることを挙げている。例えば，子どもになじみのある身振り（例えばウサギがジャンプする身振り）ではなく恣意的な身振り（例えばウサギが床に落ちる身振り）を見せた際に，18か月と4歳児は恣意的な身振りの理解ができるが，24か月の幼児は，その理解が難しいことが示されている（Namy, Campbell, & Tomasello, 2004）。

　物体の置き換えについては，初め多くの幼児は，機能と形態が類似しているものを物体の代用として用いる（Rakoczy & Tomasello, 2006）。次に，機能または形態のいずれかが異なるもので物体の代用を行うような脱文脈ができるようになり，次第に，積み木など機能が明瞭でないものを使って物体の置き換えができるようになるという。このように，形態と機能を同時に脱文脈化できるようになることで，最終的に幼児は想像上のふりができるようになるという（Elder & Pederson, 1978）。

　このように，ふり遊びに関する実証研究を紹介したが，こうした遊びができる背景には，いかなる認知能力が求められるのだろうか。次項では遊びの展開を促すシンボル理解について詳しく述べていく。

5-4　シンボル理解に関する研究

　1歳未満の乳児は，写真の中の物体を現実のものであるかのように扱う行動を示すことがある（DeLoache, Pierroutsakos, Uttal, Rosengren, & Gottlieb, 1998）。DeLoache et al.（1998）は，9か月の乳児に，現実にある物体を写したカラー写真を提示し，そのときの乳児の行動を観察したところ，すべての乳児がその写真に手を伸ばし，まるで現実のものであるかのような振る舞いを示し

たという。こうした行動は，白黒写真や線画等の絵ではなく，カラー写真にお
いて最も多く見られることも報告されている（Pierroutsakos & DeLoache，
2003）。しかし，19 か月の幼児に同様の課題を実施したところ，そのような振
る舞いはほぼ見られなくなり，代わりにその物体を指さす行動が見られたとい
う（DeLoache et al., 1998）。これは，写真に写る像が現実の物体を表象してい
るものにすぎず，現実の物体そのものではないというシンボル理解によって，
活性化した適切でない行為を抑制できるようになったためであるという
（DeLoache et al., 1998）。このように，ある物体をシンボルとして理解し，現実
の物体とは異なるものであるという認識は，1 歳半頃の時期から徐々に獲得さ
れていく。

　Jiang & Rosengren（2018）は，シンボル理解の未熟さゆえに生じる上記のよ
うなエラーには，大きな個人差が見られることを挙げている。これらの個人差
のいくつかは，子どもがこれまで接触してきた物体についての経験の違いに起
因するという。例えば，家庭内で子どもが写真やその他の二次元画像を見た
り，接触する頻度は異なる。小さなおもちゃや，リアルな写真付き絵本といっ
た刺激が与えられなければ，こうしたエラーは生じ得ないという。こうしたこ
とから，Jiang らは，写真などの二次元の媒体に触れたり，探索したりする経
験が少ない子どもよりも多い子どもの方が，自らの行動に与える影響を早く学
ぶことができると述べている。

　DeLoache は，写真やミニチュアを現実の物体ではなくシンボルとして理解
するには，シンボルが持つ二重の性質を理解する必要があると述べており，こ
れを二重表象と呼んでいる（DeLoache, 2004; 2005）。二重表象とは，シンボル
として用いられる物体そのものについての表象と，それによって表される指示
対象についての表象のことを指し，これら 2 つの表象を理解することがシンボ
ル理解には必要であるという（DeLoache, 2004; 2005）。言い換えると，シンボ
ルを理解するには，あるものが，同時に 2 つの意味を持つという二重表象を理
解する必要があるのである（DeLoache, 2005 開訳 2005）。シンボル理解の発達
に関する研究としてよく取り上げられる実験課題としてはスケールモデル課題
がある。これは，実際の部屋を模したミニチュアサイズの部屋を用いて，部屋
に隠されているおもちゃの場所を幼児に示した後，幼児にミニチュアサイズの

部屋と同じ場所におもちゃが隠されていることを教え，実際の部屋に隠されているおもちゃを探させる課題である（DeLoache et al., 2004）。ミニチュアサイズの部屋について，ミニチュアの部屋であるというそれ自体の理解と，それが通常サイズの部屋を表象するものであるという理解が同時にできることで，幼児はミニチュアサイズの部屋と実際の部屋とを対応付けることができる。それによって，幼児は実際の部屋にあるおもちゃを探し出すことができると述べている。この実験の結果では，3歳児は実際の部屋に隠された場所にあるおもちゃを容易に探すことができたが，2歳頃の幼児はおもちゃを探し出すことができないという。このことから DeLoache はシンボルの性質とその理解が2歳以降になって発達するということを述べている（DeLoache et al., 2004）。

5-5　ま　と　め

　このように，幼児期の探索を通した物体についての概念理解を概説し，物体認識及び認識に基づく行為が統合されることにより，子どもがいかに遊びを展開させていくのかについて整理し，さらにその遊びの展開の背景にあるシンボル理解の発達について説明した。物体への理解が促進されることで，状況に応じて物体を別のモノとして扱うなど，物体への振る舞いをより柔軟に行えるようになるといえる。特に，2歳頃の幼児は習慣的な物体の使用に忠実であるために（井上，2011），すでに行ったことのある行為をミニチュアの物体にも適用してしまい，スケールエラーとして表出される可能性がある。この点は，研究4で詳しく述べていく。

第6節　本研究で検討すべき問題

6-1　先行研究からわかること

　ここで今一度 DeLoache et al.（2004）のスケールエラーのメカニズムの説に戻ると，腹側及び背側経路の視覚情報処理の理論に基づき，物体認識（例えば，椅子）と認識に基づく行為や行動計画（例えば，座る）は腹側経路によって処理され，実際に物体に関わる際に必要とされる行為の制御や実行に関わる処理は背側経路にて実行される（Goodale & Milner, 1992）。ミニチュアへの行為に

至るまでに，サイズ知覚，物体の特徴情報の判断，物体のサイズ理解，運動計画を経る（DeLoache et al., 2004）。さらに DeLoache & Uttal（2011）は，スケールエラーは，眼前のミニチュア物体についてのサイズ情報と，活性化された物体表象についてのサイズ情報の統合の失敗であると述べ，さらに，前頭葉を含む抑制能力の発達が，物体の認識と行為を行う際の視覚情報の統合を促しうる要因の1つであるとも述べている（DeLoache et al., 2004）。

　これまでのスケールエラーの原因に関する説をまとめると，スケールエラーは物体への振る舞いを決定するまでの認識及び認識に基づく行為のいずれかの過程においてエラーが生じていることの表れであり，知覚の未熟さ（Grzyb et al., 2017），概念理解の未熟さ（Brownell et al., 2007; DeLoache et al., 2004），活性化したアクションプランの抑制の未熟さ（DeLoache et al., 2004），全般的な抑制能力の未熟さ（DeLoache et al., 2004），さらにはシンボル理解の未熟さ（Jiang & Rosengren, 2018）により生じている可能性が挙げられている。いずれにおいても，幼児はミニチュアを通常サイズであると誤って認識してしまうために，スケールエラーを起こしていると考えられる（図1-2）。一方，スケー

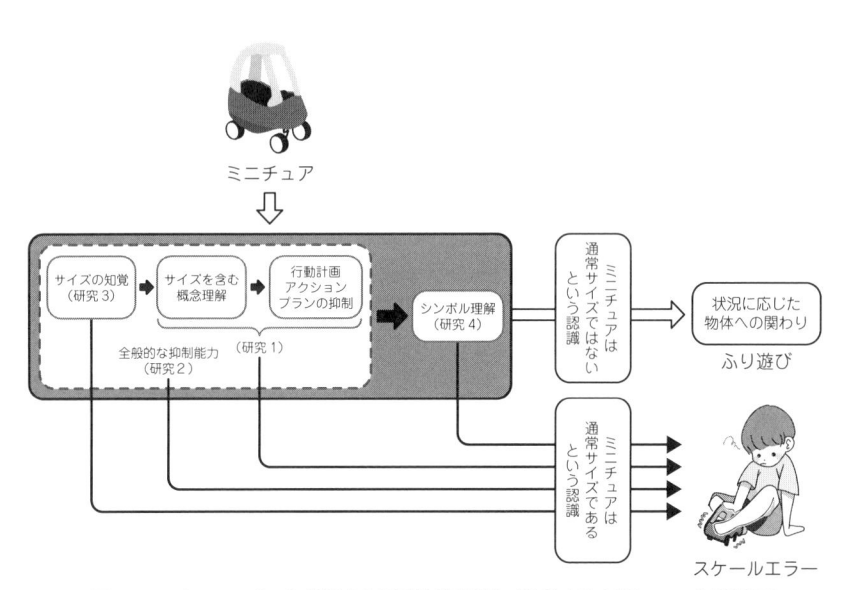

図1-2　スケールエラーに関連する要因及び本研究で検討する内容についての概略図

ルエラーを示さない幼児は，状況に応じた物体への関わりができる状態であり，ミニチュアの物体を見たときに，物体のサイズを適切に知覚し，概念的にもそれを理解している。その上で，不適切なアクションプランを抑制し，サイズに応じたアクションプランを選択することができる。さらに，ミニチュアの物体は通常サイズの物体の表象の一形態に過ぎないというシンボル理解と，全般的な抑制能力（本研究では，"与えられた状況下で有意な行動を意図的に抑制する能力"（森口，2014）とする）の発達が加わる。このようにそれぞれの要因が適切に機能することで，最終的に幼児はふり遊びなど，物体のサイズに適した関わりをすることができるといえる。

6-2　本書の研究の目的

　以上のように，スケールエラーには上記の要因のいずれかの部分の未熟さが関連していると考えられる。しかしながら，そのほとんどの説が，幼児にスケールエラー課題を実施してはいても，関連しうる認知課題との関連性を直接的に示しきれていないため，スケールエラーを説明しうる決定的な要因を特定するまでには至っていない。また，スケールエラーの原因については，それぞれの研究者が異なる見解を持っており，物体の行為に移るまでに想定される複数の認知過程を複眼的な視点により検討した研究はこれまでのところ見当たらない。

　そこで本研究では，幼児を対象にスケールエラー課題を行い，ミニチュアの物体に関わるときの幼児の行動そのものを調べ，またスケールエラー課題と他の認知得点との関連性を調べることとした。これにより，スケールエラーのメカニズムに想定されるサイズ認識の発達（知覚的及び概念的な理解），そして物体への振る舞いを決定し，その行為に移るまでのアクションプランの発達，また，不適切な行為を抑制し，状況に応じて適切な行為を選択する際に必要とされる前頭葉の発達の中でも抑制能力の発達，さらにはミニチュアが通常サイズの物体の一表象に過ぎないというシンボル理解の発達との関連を検討できると考えた。

　第4節においても論じたが，DeLoache et al.（2004）は物体のカテゴリーやその物体のアクションプラン等の物体認識及び認識に基づく行為選択は腹側経

路において処理されることを想定している。しかしながら，霊長類を対象とした知見においては，腹側及び背側経路の働きは必ずしも明確に分かれているわけではなく，特に物体に関わる際のサイズ情報の処理は，腹側及び背側経路のいずれかにおいてなされるという。したがって本研究においては，腹側及び背側経路の働きを明確に区別するのではなく，行為の選択に至るまでのサイズ知覚，物体の特徴情報の判断，物体のサイズを含む概念理解，運動計画には，腹側及び背側経路のいずれかの経路の働きがある，と想定して論じることとする。

　また，DeLoache et al.（2004）は，視覚情報処理の理論から導かれた「活性化されたアクションプランの抑制の失敗」と，物体の認識と行為を行う際の視覚情報の統合を促しうる要因の1つとして前頭葉を含む「抑制能力の発達」を挙げている。DeLoache et al.（2004）は，それらの「抑制」の差異については明確に論じていない。本研究では適切な運動行為に至るまでに，特定の運動の操作が選択される際に必要な潜在的な動作の抑制が求められるという知見（Kandel, 2013 金澤・宮下監修 2014, p. 865）に基づき，前者の抑制はあくまでも行為選択のなかで活性化された不適切なアクションプランの抑制という認知処理を指すこととする。また，後者の抑制能力は，物体の認識と行為を行う際の視覚情報の統合において投射される前頭葉の中の抑制能力を指し，与えられた状況下において優位な行動を意図的に抑制する能力（森口，2010）とする。したがって本研究では，スケールエラーのメカニズムにおいては，アクションプランの抑制に関わる発達と，前頭葉の抑制能力の発達とをそれぞれ分けて検討することとする。

6-3　研究方法

　本研究においては，幼児のスケールエラーの生成に関わるメカニズムの解明を目的とし，スケールエラーがサイズを含む概念理解または運動計画の未熟さ（研究1），抑制能力を反映する前頭葉の未熟さ（研究2）によって生じる可能性を検証し，さらにはスケールエラー課題中の幼児の物体への関わりから，サイズ変化に伴う物体サイズを検知する能力の未熟さ（研究3），また，ふりなどのシンボル理解に関わる能力の未熟さ（研究4）に起因するのかを検証することとした（図1-2）。

　まず，研究1では，スケールエラーがサイズを含む概念理解の未熟さあるいはアクションプランの未熟さのいずれかに起因するのかを検討した。スケールエラー生成のメカニズムにおいては，ミニチュアサイズの物体を見た際に，活性化された通常サイズの物体のカテゴリー表象に従って，通常サイズの物体のアクションプランが選択されるといわれている（DeLoache et al., 2004）。したがって，通常サイズとミニチュアサイズの物体が同じか異なるかという物体への概念的理解（サイズを含む概念理解）が必要となると考えられ，この考えに基づけば，スケールエラーを示す幼児は示さない幼児に比べて，サイズを含む概念理解に関わる理解が未熟であることが予想される。また，スケールエラーが不適切なアクションプランの選択及びその抑制における失敗ということも考えられる。したがって，この考えでは，スケールエラーを示す幼児は示さない幼児に比べて，アクションプランを調べる課題の成績が低いことが予想される。

　研究1ではアクションプランの選択と抑制に関わる能力としての，行為への振る舞いに関わる抑制能力を検討する。そして研究2では，スケールエラーを生成している際のサイズ変化に伴う幼児の物体処理における抑制能力を調べるために，実行機能に含まれる全般的な抑制能力に着目することとした。それをより実証的に調べるために，NIRSを用いて，スケールエラーを示す幼児と示さない幼児の課題従事中の前頭前野の活動を測定することで，スケールエラーが前頭葉の未熟さ，全般的な抑制能力に起因するのかを明らかにすることを目指した。仮に幼児期のスケールエラーが前頭葉を含む抑制能力と関連があるとすれば，スケールエラーを示す幼児と示さない幼児において課題従事中の前頭領域の活動に差異が認められることが考えられる。

　研究3及び研究4では，研究1及び2で行ったような，スケールエラー課題と他の認知能力との関連を調べるという手法とは異なり，スケールエラーが生じる際に見られる幼児の行動的特徴や反応を，スケールエラー課題従事中の幼児の行動を詳しく見ることで明らかにすることを目指した。

　研究3では，スケールエラー課題における物体のサイズ変化に対する幼児の反応から，幼児が物体のサイズをどう知覚しているようにみえるのかを調べることで，スケールエラーがサイズ変化に伴う物体サイズを検知する能力の未熟さに起因するのかを検討した。先行研究では，アイトラッカーを用いた注視時

間の計測により，スケールエラーを示す幼児は示さない幼児に比べて物体のサイズ変化に気づきにくいという結果が出ていることから，サイズ情報を検知する能力の未熟さにスケールエラーの原因が求められている（Grzyb et al., 2017）。本研究においては，スケールエラー課題においても同様の知見が得られるのかを検証するために，物体のサイズが通常サイズからミニチュアサイズに変えられたときの幼児の物体への関わり（接触時間）に違いが見られるのかを検証した。仮にスケールエラーを示す幼児が物体のサイズ変化に気づかず，ミニチュアの物体を通常サイズの（既知の）物体であると知覚している場合は，その物体への新奇性を感じず，慣れが生じているため物体への関わり（接触時間）が減少することが予想される。

　研究 4 では，スケールエラー課題中の物体への探索パターンを詳しく分類し，スケールエラーを示す幼児と示さない幼児との間で，物体への関わり方にいかなる違いがあるのかを描出することとした。幼児期の物体認識の発達はふり遊びとの高い関連性が示されており（Lillard, Pinkham, & Smith, 2011），物体を認識する能力が高いほど，その物体への関わり方は多様になると考えられる。探索を通して，物体認識の理解をはじめとする概念理解の発達が促され，その先に遊びを展開させていくということについては，前節にて論じた。認識及び認識に基づく行為の統合とは，ふり遊びを含む状況に応じて物体と柔軟に関われる能力であるといえる。スケールエラーが物体認識及び認識に基づく行為に至る過程におけるエラーであるのならば，スケールエラーを示さない幼児は物体への認識に優れているため，その物体に応じて適した関わりができることが予想される。また，幼児のスケールエラーが，ミニチュアの物体が通常サイズの物体の一表象に過ぎないというシンボル理解によって抑制されるのであれば（Jiang & Rosengren, 2018），スケールエラーを示さない幼児においては，ふり遊びがより多く見られる可能性が考えられる。一方で，スケールエラーを示す幼児は，状況に応じた物体への関わりが少なく，物体への関わりへの拒否などが見られ，かつふり遊びが見られにくいことが予想される。

　以上の研究を通して，幼児期のスケールエラーの発達機序を複眼的な観点から検証する。スケールエラーの発達機序の解明は，幼児期の物体認識から行為産出に至るまでの発達過程を明らかにするだけではなく，物体認識及び行為が

いかに統合されるのかについての大きな鍵となるだろう。

第2章
子どもの概念と
プランニングの発達

第1節　研究1　スケールエラーと概念，プランニング及び抑制能力の関係

1-1　問題と目的

　研究1では，スケールエラーがサイズを含む概念理解の未熟さ，あるいはアクションプラン及びアクションプランの抑制の未熟さのいずれかに起因するのかを検討した。

　スケールエラー生成においては，次のようなメカニズムが有力視されている。すなわち，ミニチュアサイズの物体を見た際に，活性化された通常サイズの物体のカテゴリー表象に応じてアクションプランもまた活性化されるものの，幼児期以降には活性化されたアクションプランが眼前の物体のサイズに応じて抑制され，ミニチュアサイズに対応した行為が選択される。しかし，この部分が抑制できないために，活性化された通常サイズの物体へのアクションプランをもとにした行為の選択がなされ，スケールエラーが表出されるという説（DeLoache et al., 2004; Ware et al., 2006）である。それゆえ，スケールエラーの生成は，活性化された通常サイズの行為をもとにした誤ったアクションプランが強く活性化している状態，あるいはその活性化したアクションプランの抑制に失敗した状態であると考えられる。DeLoache & Uttal (2011) によれば，スケールエラーはミニチュアを通常サイズの物体と同一のものとみなしているために生じると述べており，ミニチュアを見た際に，よく見慣れた物体についての物体カテゴリーに関する心的表象が活性化するとされる。このことから物体カテゴリーに関する活性化の程度がスケールエラーの生成に関連するとされ，大きさも含めた詳細なカテゴリーに関する心的表象を持つことによって，

スケールエラーの生成が抑制される可能性が挙げられている（DeLoache & Uttal, 2011）。この観点から考えると，ミニチュアと通常サイズの物体間の違いを概念的に理解することが，スケールエラー生成の抑制につながる可能性が考えられる。これに関連する先行研究では，幼児はある物体を別の物体に当てはめるような，物体間のサイズの関係の認識に失敗することが指摘されていることからも（Shutts, Örnkloo, von Hofsten, Keen, & Spelke, 2009），物体への適切な振る舞いが可能になることには，物体のサイズを含む概念理解が関連するといえる。また，これは身体と物体間の関連に関する知見ではあるが，自身の身体サイズの理解によって，スケールエラーの生成が抑制されるといった実証的な知見も報告されている（Brownell et al., 2007）。

　本研究では，通常サイズとミニチュアサイズの物体が同じか異なるかという物体のサイズを含む概念理解がスケールエラーに関連するのかを検討することにした。ただ，幼児を対象に，サイズを含む概念理解を問う課題を実施するのは難しいこともあり，まずは，日常に即した状況下での幼児の概念理解を比較的簡単に調べられる方法として，保護者による質問紙（乳幼児発達スケール；以下，KIDS）が適していると考え，KIDSの下位項目の「概念」を指標として検討することにした。

　また，DeLoache & Uttal（2011）は，幼児がミニチュアに関わる際に，物体のサイズに適さないアクションプランを形成してしまうことも指摘する。この点を考慮すると，物体への適切なアクションプランの選択に失敗した結果，もしくは通常サイズの物体への運動プランを抑制することに失敗した結果により，不適切なアクションプランの形成が生じ，スケールエラーが発生している可能性も考えられた。したがって，本研究では，刺激に合わせて適切な行為の選択が要求されるアクションプランを調べる課題と，優位な運動反応の抑制が求められる抑制制御課題も併せて，スケールエラーの生起との関係を調べることにした。

　スケールエラーとアクションプランの関連を直接に検討した研究はないが，幼児がいかにあらかじめのプランを持って物体に関わるのか等の，アクションプランの発達に関する研究はある。第1章でも述べたが，サイズに応じた行為の調整に関する能力の発達は2歳未満の幼児においては未熟であり

(Wentworth et al., 2000)，2 歳以降，物体に応じた効率的なプランニング能力が向上することが報告されている (Cox & Smitsman, 2006; Jovanovic & Schwarzer, 2011; McCarty et al., 1999; Street et al., 2011)。

　物体の知覚情報がアクションプランに及ぼす影響を調べた実験として，Jovanovic & Schwarzer (2011) 及び Street et al. (2011) の実験がある。まず，Jovanovic & Schwarzer (2011) は，対象となるバーの向きを試行ごとに変え，幼児における対象の掌握行動の変化を記録した。この実験では，幼児には提示された対象の向きに応じてより適切な掌握行動を選択するというアクションプランが必要とされる。幼児が効率的なアクションプランを形成するには習慣的に身についている運動上の反応を抑制したうえで，より適切な行為の選択をしなければならない。実験の結果から，Jovanovic & Schwarzer (2011) は，洗練されたアクションプランの能力は 18 か月で現れ，3 歳になるまでそれは安定しないと述べた。

　また，Street et al. (2011) は，目標とする穴に物体を差し込むポスティング課題を用いて，幼児における物体の幾何学的特性に対して行為を調整する能力を検討した。ポスティング課題において，Street et al. (2011) は，対象者間で物体の向きを変えて提示するという手続きを行った。この課題では，穴の向きに対してより適切な角度で穴に差し込むというアクションプランが要求される。実験の結果，物体の向きが異なると，幼児の課題の達成率が変化することが示された。また，18 か月児は課題に失敗したが，24 か月児は課題に成功した。このことから，18-24 か月の間に，目標に対してより適切な行為を選択し，調整する能力の明確な発達的変化があることが示唆された。本研究では，これら 2 つの課題を幼児のアクションプランの能力を調べるべく用いた。

　アクションプランの抑制とスケールエラーの関係を検討した知見として，Rivière, Brisson, & Aubertin (2020) の研究がある。彼らは，スケールエラーが幼児の衝動的な行為と関連があるのか，スケールエラー課題の手続きを実験的に操作することで検討した。Rivière et al. (2020) は，通常サイズからミニチュアサイズにおもちゃを変えた後に，ミニチュア物体に関わるまでの待機時間を長くした場合と短くした場合とで，スケールエラーの生起頻度に違いが見られるのかを比較した。仮にスケールエラーが，過去に振る舞った行為を抑制

できず，目の前の物体に衝動的に振る舞った結果として生起しているのであれ
ば，待機時間を長くした際に，その行為を抑制できると考えたからである。そ
の結果，待機時間の長い群は，短い群に比べて，スケールエラーの頻度が少な
いことが示された。彼らは，提示されるおもちゃの待機時間が長いほど衝動的
な行動の抑制に関係すると述べ，スケールエラーと抑制能力との関連を示唆し
ている。

　これに関連して，乳幼児期の運動反応の抑制を見るための課題としては，
A-not-B課題がある（Diamond & Goldman-Rakic, 1989; Espy, Kaufmann,
McDiarmid, & Glisky, 1999; Munakata, 1998; Smith, Thelen, Titzer, & McLin,
1999）。この課題では，子どもにある場所（A）のおもちゃを繰り返し探索させ
たのちに，子どもが見ている前で別の場所（B）におもちゃを移動させ，どちら
の場所を探索するのかを調べる課題である。この課題においては，以前に探索
した場所を探索する傾向を抑制する能力が必要であるとされている（森口，
2010）。9か月未満の乳児は，以前探索した場所（A）にあるおもちゃが別の場
所（B）に移動されたとしても，Aの場所を探索しつづけるという固執的な運
動反応を見せるという（Diamond, 2002）。また1歳以降であっても優位な応答
を抑制する能力は途上であることを示す知見として，A-not-B課題の遂行にお
いては，23-66か月にかけて向上すること（Espy et al., 1999），また，探索をす
る際に5秒の遅延をさせた場合のA-not-B課題の成績が15-30か月にかけて向
上することも示されている（Diamond, Prevor, Callender, & Druin, 1997）。こ
のような過去の知見を踏まえ，本研究では，アクションプランの選択及び抑制
に関わる能力を調べるためにポスティング課題，バー課題，A-not-B課題（以
下，抑制制御課題）を用いた。

　以上の課題を幼児に実施し，スケールエラー生成のメカニズムが，サイズを
含む概念理解の未熟さ，あるいはアクションプランの選択及び抑制の未熟さの
いずれかに起因するのかを検討することを目的とした（図2-1）。

　仮にスケールエラーが，通常サイズとミニチュアサイズの物体が同じか異な
るかという物体への概念的理解を必要とするならば，スケールエラーを示す幼
児は示さない幼児に比べて，サイズを含む概念理解に関わる理解が未熟である
ことが予想される。また，スケールエラーが不適切なアクションプランの選択

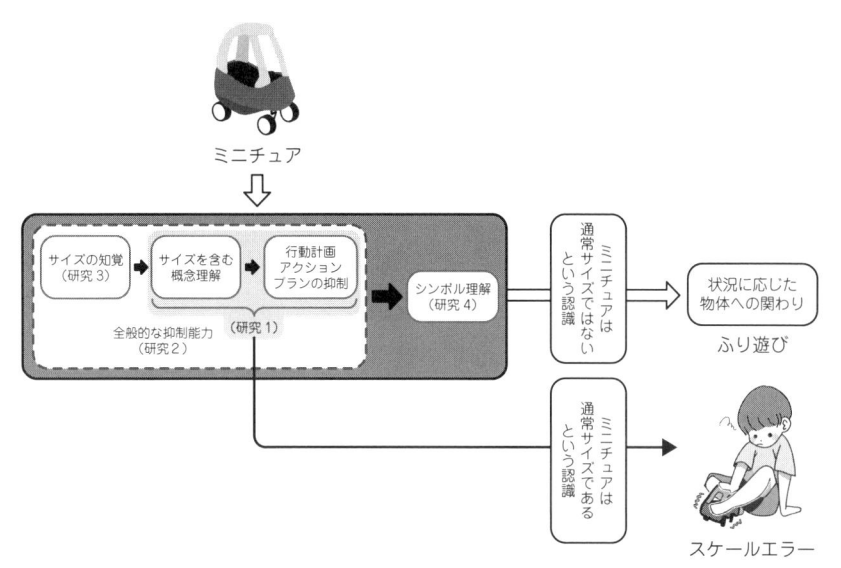

図2-1　研究1で検討した内容の概略図

及びその抑制における失敗であるならば，スケールエラーを示す幼児は示さない幼児に比べて，アクションプランを調べる課題及び抑制制御課題の成績が低いことが予想された。なお，本研究の記述は，Ishibashi & Moriguchi（2017）を日本語で修正しまとめたものである。データの一部は上越教育大学の修士論文（石橋，2014）に含まれており，「2-1　参加者」で詳しく述べることとする。また，課題の実施手続き部分は，修士論文（石橋，2014）を改訂した記述となっている。具体的にいうと，抑制制御課題部分については，本研究で初めて執筆するが，それ以外の課題，実施手続きの概要は同じであるものの，文章は改訂している。それ以外の目的，解析方法，結果，考察部分は本研究で初めて行う記述である。なお，研究1と研究3には同一の幼児が参加した。

第2節　方　　法

2-1　参　加　者

　54名の幼児（平均月齢 = 24.0か月，*SD* = 5.4，女児22名，レンジ = 16-37

表 2-1 ポスティング課題，バー課題，スケールエラー課題（上段）と
抑制制御課題（下段）における月齢ごとの男女別人数及び平均月齢

ポスティング課題，バー課題，スケールエラー課題における月齢ごとの男女別人数，平均月齢							
	16-20 か月	SD	21-25 か月	SD	26-31 か月	SD	32-37 か月	SD
男／女（人数）	15 / 6	−	7 / 7	−	8 / 6	−	2 / 3	−
平均月齢	19.00	1.2	23.00	1.6	28.00	1.73	35.00	1.5
抑制制御課題における月齢ごとの男女別人数，平均月齢							
	16-20 か月	SD	21-25 か月	SD	26-31 か月	SD	32-37 か月	SD
男／女（人数）	10 / 2	−	4 / 3	−	5 / 3	−	1 / 1	−
平均月齢	19.33	1.15	23.29	1.5	28.13	1.73	36.0	0

か月）とその保護者であった。サンプルサイズは，スケールエラーと認知課題
間の関連を調べた先行研究に基づいて決定された（Brownell et al., 2007; N =
57）。その他，2 名の幼児も実験に参加したが，課題拒否により除外された。参
加児は，先行研究に基づいて 4 つの年齢グループに分けられた（DeLoache et
al., 2013; 実験 3）。なお，54 名のうち 1 名の参加児がバー課題を拒否したため，
解析から除外した。また，追加した抑制制御課題には 54 名中 29 名の幼児が参
加した。月齢ごとの男女別の人数，及び平均月齢は表 2-1 に示してある。

　抑制制御課題を実施した児と実施していない児との間で年齢差が見られるの
か，対応のない t 検定を実施したところ，2 グループ間の年齢の有意差は示さ
れなかった（t (52) = −.306, p = .76, d = .090; 抑制制御課題を実施した児の平
均月齢 = 23.86, SD = 5.13, 実施していない児の平均月齢 = 24.32, SD = 5.86）。

　なお，ポスティング課題，バー課題，スケールエラー課題部分の参加者 54 名
のうち，39 名（平均月齢 25 か月，SD = 6.01），そして抑制制御課題部分の参加
者 29 名中 23 名（平均月齢 25 か月，SD = 6.3）は修士論文（石橋，2014）の実
験への参加者である。それ以外の参加者は，修士論文発表後の追加募集時に協
力いただいた方である。

　なお本研究は，上越教育大学大学院学校教育研究科の倫理審査専門委員会に
て承認を受けた（倫理番号「受付番号 2」）。

2-2　実験刺激

　すべての参加児に，（1）ポスティング課題，（2）バー課題，（3）スケールエラ

一課題を実施した。その後，29 名の参加児は（4）抑制制御課題を行った。実験は，（1）から（4）の順序で実施された。

（1）ポスティング課題

　ポスティング課題では中心に穴があけられた長方形の箱と円盤型のディスクを用いた。長方形の箱の大きさは縦（L）28 × 横（W）40 × 高さ（H）10 cm であり，ディスクは直径 8cm，厚さ 0.8cm であった。長方形の箱の中心には 10 × 1cm の穴があいており，その穴にディスクを入れることができるようになっていた。なお，幼児の興味を引くようにディスクにはキャラクターの絵を付けた。

（2）バー課題

　バー課題ではふたの付いたバーとバーを入れられる筒が設置された台座の 2 つの道具を用いた。台座とバーはダンボールで作成し，筒はプラスチック製の容器で作成した。台座の大きさは L21 × W27 × H5cm であり，台座の右上に直径 6.5cm，高さ 8.5cm の筒がついていた。バーは長さ 26cm であり，一方のバーの端には直径 6.5cm のふたがついており，もう一方のバーの端は直径 4cm であった。筒の中にバーが入らないようにするため，直径が 6.5cm のふたは，筒の直径と同じになるよう作成した。直径が 4cm の端は筒に入るようになっており，バーが入ると，台座の中心とその下にある 2 つの電球が光る仕組みになっていた。

（3）スケールエラー課題

　スケールエラー課題では，滑り台，机，椅子，絵本，車，靴を用いた。滑り台，机，椅子，絵本，車については，実際に幼児が遊べる大きさのもの（以下，通常サイズ）と，ミニチュアのもの（以下，ミニチュアサイズ）を用意し，靴はミニチュアのみ用意した。幼児は，実験の直前に靴を脱ぐ・履くという行為を行っていたため，本研究では通常の大きさの靴は用意せず，ミニチュアのみを用意した。刺激の詳細は表 2-2 と図 2-2 にて示してある。

表2-2　スケールエラー課題で用いた刺激

おもちゃ	サイズ（L×W×H; cm）	
	通常サイズ	ミニチュアサイズ
滑り台	46.0×110.0×72.0	5.0×21.0×14.0
車	58.0×37.5×35.5	7.0×6.0×10.0
椅子	35.5×28.5×32.0	8.0×10.0×10.0
テーブル	61.0×41.0×47.5	10.0×18.0×15.0
靴	－	4.0×7.0×2.0

図2-2　スケールエラー課題で用いた刺激

(Ishibashi & Moriguchi, 2019, p.5, Fig.1. ; 掲載元である *Psychologia*［京都大学発行のジャーナル誌］の許可を得て本研究に掲載している）

（4）抑制制御課題（Espy et al., 1999）

　抑制制御課題では，コップ2個，お盆，おもちゃ（飛行機）を用いた。コップは，緑色であり，直径8cm，高さ8cmであった。お盆の大きさは，L20 × W28.5 × H6cmであった。おもちゃは，L6 × W6 × H3cmの飛行機を用いた。

（5）サイズを含む概念理解

　サイズを含む概念理解の調査にはKIDS（大村・高嶋・山内・橋本，1989）を用意し，保護者に回答を求めた。KIDSについては，幼児の年齢に応じてTYPEB（1歳0か月から2歳11か月）とTYPEC（3歳0か月から6歳11か月）を用いた。TYPEBの項目は，運動領域・操作領域・理解言語領域・表出言語領域・概念領域・対子ども社会性・対成人社会性・しつけ領域・食事領域の9領域によって構成されていた。また，TYPECは運動領域・操作領域・理解言語領域・表出言語領域・概念領域・対子ども社会性・対成人社会性・しつけ領域の8領域によって構成されていた。各項目への回答では，幼児の発達について，「明らかにできるもの」「過去においてできたもの」「やったことはない

がやらせればできるもの」には◯印を，「明らかにできないもの」「できたりできなかったりするもの」「やったことがないのでわからないもの」には×印をつけるよう求めた。◯の数を合計し，手引き書の領域別発達年齢換算表から，各領域の発達年齢を求めることができた。また，各領域の合計得点を求め，手引き書の総合発達年齢換算表から総合発達年齢を求めることができた。本研究においては，KIDS の項目のうち，サイズを含む概念理解に関連する項目を含む「概念」のみを用いた。具体的には，「概念」の項目には，「大きい・小さいがわかる」「せまい・ひろいがわかる」というサイズを含む概念理解に関する項目が含まれていた。

2-3　実験手続き

　すべての幼児に対し，ポスティング課題，バー課題，スケールエラー課題，抑制制御課題の順で実施した。ポスティング課題では，まず，実験者が手本として，長方形の箱にあけられた穴にディスクを入れた。その後，「次は◯◯ちゃんがやってみてね」と言ってディスクを幼児に手渡した。実験者は，試行ごとに長方形の箱を垂直または水平に向きを変え，幼児が提示された穴の向きに応じてディスクの向きを変えられるか観察した。なお，提示の順番は参加児ごとにランダムであった。上記の手続きを 6 試行行った。ポスティング課題の終了後，バー課題を実施した。

　バー課題では，まず，実験者がバーを握り，それを筒の中に入れた。このとき，バーは床に対して垂直な状態で提示され，バーのふたがついている部分が上になっている状態であった。実験者はバーをその状態のまま握り，筒に入れた。この手続きを幼児に 1 回見せた後，バーを最初に提示した位置に戻し，幼児に「今度は◯◯ちゃんがやってみてね」と教示した。幼児は上記の手続きを 2 回行うよう求められた。その後，実験者はバーの向きを逆さまに提示した。この時，バーは先ほどと上下逆に提示され，ふたがついている部分が下になっている状態であった。そのため，筒に入れるには一度上下を逆さまにしなければならないため，幼児はそのまま握るのではなく手を上下逆にして握る必要があった。実験者は手本を見せず，再度幼児にバーを筒に入れるよう促した。このように物体の向きに合わせた幼児の掌握行動の変化を観察した。上記の手続

きを6試行行った。バー課題の終了後，実験者はスケールエラー課題で用いる物体を提示した。

　スケールエラー課題の手続きは DeLoache et al.（2004）に準拠した。実験者は，滑り台・机・椅子・絵本・車の5つの物体を用意し，実験室のプレイルームに配置したうえで，幼児をそこで自由に遊ばせた。幼児が特定の物体に興味を示さなかった場合，それと関わるよう，実験者は注意を引いた。具体的にはそれぞれの物体に少なくとも2回関わるよう，幼児を促した。約5分間幼児をそれらと関わらせ，幼児と保護者を実験室から退出させた。実験者は，その間に5つの物体をすべてミニチュアに置き換えた。置き換えにかかる時間は約3分であった。その際に，実際に遊べる大きさの物体があった場所と同じ場所にミニチュアを配置した。また，ミニチュアの靴も加え，部屋にはミニチュアの滑り台・机・椅子・絵本・車・靴がある状態であった。実際に遊べる大きさの物体は，幼児の見えない場所に隠した。そして幼児と保護者を再び実験室に入室させ，幼児の行動を約5分間観察した。スケールエラー課題終了後，抑制制御課題を実施した。

　抑制制御課題は，まず，実験者がおもちゃを幼児に渡し，数十秒間それで遊ばせた。その後，実験者はおもちゃを幼児から受け取り，お盆に載った2個のコップのうちの1つに，おもちゃを隠した。この一連の動作は幼児に見えるように行った。おもちゃを隠し，数秒たった後，実験者は幼児に「どっちに入ってるかな？」と問いかけ，お盆を幼児の前に提示し，探索させた。幼児がコップからおもちゃを取り出した後，実験者はおもちゃを元の位置に戻し，実験者の前にお盆を戻した。以上を1試行とする手続きを8試行行い，幼児がコップの中に隠されているおもちゃを探索することができるか観察した。なお，幼児が前試行でおもちゃが隠された位置の影響を受けるか観察するため，おもちゃを隠す位置は試行ごとに交互に変えた。

　幼児が課題を行っている間，保護者には KIDS（大村ら，1989）の回答を求めた。

2-4 コーディング及び解析

(1) ポスティング課題

ポスティング課題では，先行研究（Street et al., 2011）を参考に，幼児が長方形の箱の穴に入れる際の行動を 3 段階に分けた。具体的には，(1) 穴にディスクを入れることができなかった場合を「失敗」，(2) 穴にあっていない方向でディスクを入れようとするが，その後修正し，ディスクを入れることができた場合を「修正後，成功」，(3) 一回で穴にディスクを入れることができた場合を「一度で成功」，とした。以上を 0 点，1 点，2 点と得点化し，6 試行行ったのちに平均点を算出した。ポスティング課題の評定は，各試行ごとに実験者が評定を行った上で，実験全体のデータのうちランダムに選択した20%を第三者が評定した。κ 係数は .94 であった。

(2) バー課題

次に，バー課題では，先行研究（Jovanovic & Schwarzer, 2011）に従い，幼児のバーに関わる行動を 5 段階に分けた。具体的には，幼児がバーを筒の中に入れることができなかった場合を第 1 段階，バーを間違った方向で入れようとした後に，バーの向きを変えて，筒の中に入れるなど，試行錯誤的な行動が見られた場合を第 2 段階，両手を使ってバーを筒の中に入れることに成功した場合を第 3 段階，片手でバーを持ち筒の中に入れるが，バーを最初に握るときに，親指が上を向いている状態を第 4 段階，片手でバーを持ち筒の中に入れ，かつバーを最初に握るとき親指が下に向いている状態を第 5 段階とした。以上の行動を 1 点から 5 点と得点化し，3 試行行ったのちに平均得点を算出した。バー課題の評定は，各試行ごとに実験者が評定を行った上で，実験全体のデータのうちランダムに選択した20%を第三者が評定した。κ 係数は .69 であった。バー課題では，19 か月の幼児 1 名が課題を実施することができなかったため，その 1 名のデータを除く，53 名のデータから分析を行った。

(3) スケールエラー課題

先行研究（DeLoache et al., 2013）の評定法に従い判定を行った。具体的には，(1) ミニチュアの対象に対して，実際に遊んだ対象と同様の，一部または

すべての行動をしようとする（例えば，椅子に座る，滑り台に座る等の行動），
(2) 行動を実行しているときに，子どもの身体の適切な部分が，ミニチュアの
適切な部分と完全に関わっている（例えば，幼児の足が滑り台のはしごに触れ
ているといった場合），(3) 行動が真剣である，(4) 行動が比較的固執している
（すぐに行動をやめない）であった。以上の基準を満たしたものをスケールエ
ラーとした。ただし，(3) については，「非常に真剣」「真剣」「わからない」「ふ
り」「完全にふり行動」の5件法を用い，「非常に真剣」または「真剣」と判断
されたもののみをスケールエラーとした。

　スケールエラーの回数については，例えば，ミニチュアの滑り台の後ろにあ
る階段に足をかけた後に，滑り台に登ろうとした場合など，ある対象に対する
多面的な試みを行っていた場合は，スケールエラーの回数は1回とした。ま
た，滑り台に関わった後に，椅子に関わり，また滑り台に関わったなど，一度
物体への接触を中断した後，再度その物体に関わった場合は，滑り台に対する
スケールエラーの回数は2回となった。スケールエラー行動の評定は，各試行
ごとに実験者が評定を行った上で，実験全体のデータのうちランダムに選択し
た25%を第三者が評定した。κ係数は.91であった。

(4) 抑制制御課題

　抑制制御課題は，幼児が隠されたおもちゃをコップから取り出すことができ
た場合を1点，コップから取り出すことができなかった場合を0点とし，8試
行行った合計点を算出した。行動の評定は，実験者が評定を行い，実験全体の
データのうちランダムに選択した20%を第三者が評定した。κ係数は.88であ
った。一致しなかったデータは協議によって解決された。

(5) サイズを含む概念理解

　サイズを含む概念理解のスコアレンジは1から29点であった。

第 3 節 結　果

3-1 記述統計の結果

参加児 54 名のうち 26 名がスケールエラーを示した。スケールエラーの平均回数は表 2-3 に示した。スケールエラーを示さなかった 32-37 か月のデータを除外し，年齢ごとのスケールエラーの平均回数の差を一元配置の分散分析により検討した結果，その差は有意ではなかった（$F_{(2, 46)}$ = .12, p = .89, η_p^2 = .27）。

ポスティング課題，バー課題，抑制制御課題，サイズを含む概念理解における月齢ごとの平均得点は表 2-3 に示した。

各課題で，月齢ごとの得点差を調べるために一元配置の分散分析を行った。ポスティング課題では分散分析の結果，有意であった（$F_{(3, 50)}$ = 9.72, p = .001, η_p^2 = .136）。Tukey の HSD 法による多重比較の結果，16-20 か月の月齢が，他の月齢群よりも有意に得点が低いことが示された（p < .05）。バー課題及び抑制制御課題では，月齢ごとの有意差は見られなかった（バー課題：$F_{(3, 48)}$ = 2.55, p = .07, η_p^2 = .02, 抑制制御課題：$F_{(3, 25)}$ = .22, p = .88, η_p^2 = .001）。サイズを含む概念理解については，有意な主効果が認められた（$F_{(3, 50)}$ = 22.18, p = .001, η_p^2 = .57）。Tukey の HSD 法による多重比較の結果，

表 2-3　月齢ごとのスケールエラーの平均回数及び各課題における平均得点

	16-20 か月	SD	21-25 か月	SD	26-31 か月	SD	32-37 か月	SD
スケールエラーを示した幼児の平均回数	2.83	2.98	3.29	1.90	2.38	0.79	0	−
ポスティング課題（点）	1.33*	0.51	1.80	0.33	1.93	0.19	2.00	0.58
バー課題（点）	1.82	0.95	2.54	1.21	2.62	0.76	2.8	1.43
抑制制御課題（点）	4.25	1.22	4.57	1.9	4.62	1.51	5.0	1.97
サイズを含む概念理解（点）	5.76	2.76	7.93	3.96	9.21	2.26	18.20***	4.60

注：スケールエラーを示した幼児の平均回数（N = 26），バー課題（N = 53），ポスティング課題・抑制制御課題・サイズを含む概念理解課題（N = 54）。*p < .05. ***p < .001.

表 2-4　月齢を統制した各変数間の偏相関分析の結果

	サイズを含む 概念理解	ポスティング課題	バー課題
スケールエラーの数	- .34*	- .14	- .12
サイズを含む 概念理解		- .08	- .01
ポスティング課題			.61***

注：$N = 53$. *$p < .05$. ***$p < .001$.
　Ishibashi & Moriguchi (2017, p.5, Table 1) を翻訳し一部改訂（掲載先の *Frontiers in Psychology* の許可を得て掲載）

32-37 か月の月齢が，他の月齢群よりも有意に得点が高いことが示された（$p = .001$）。

3-2　スケールエラーの数と各変数の関係（偏相関分析）

　月齢を統制した偏相関分析を実施し，スケールエラーの数と他の変数との関連を検討した。その結果，サイズを含む概念理解とスケールエラーの数との間に有意な負の相関が示された（$r = - .34, p = .01$）。加えて，ポスティング課題とバー課題の間で有意な正の相関が示された（$r = .61, p = .001$）（表 2-4）。他の変数間での相関係数は有意ではなかった。FDR 法による p 値調整（Benjamini & Hochberg, 1995）を行ったうえで再度解析をしたが，得られた結果に変わりはなかった。また，抑制制御課題においても月齢を統制した際の偏相関分析を実施した結果，スケールエラーの数と抑制制御課題との間に有意な関連は示されなかった（$r = - .20, p = . 92$）。

3-3　スケールエラーの数と各変数の関係（重回帰分析）

　スケールエラーの数とサイズを含む概念理解との関係をさらに調べるために，階層的重回帰分析を実施した。スケールエラーの数を従属変数としたときに，ステップ 1 に月齢の変数を投入し，ステップ 2 にポスティング課題，バー課題，サイズを含む概念理解の変数を投入した（表 2-5）。抑制制御課題は半分の幼児が課題に従事しなかったため，除外した。

表 2-5　階層的重回帰分析の結果

	B	SE	β	p	VIF
ステップ 1					
月齢	- .07	.05	- .20	.17	1.00
ステップ 2					
月齢	.09	.08	.27	.23	2.72
サイズを含む概念理解	- .11	.04	- .50	.02	2.12
ポスティング課題	- .76	.87	- .18	.39	2.36
バー課題	- .05	.31	- .03	.88	1.77

注：R^2 = .042 for Step 1; R^2 = .180 (p < .05) for Step 2. Ishibashi & Moriguchi (2017, p. 6, Table2) を翻訳し一部改訂 (掲載先の *Frontiers in Psychology* の許可を得て掲載)

　ステップ 1 では，月齢はスケールエラーの数の有意な予測因子とはならなかった (B = - .07, SE = .05, β = - .20, p = .17, R^2 = .04)。ステップ 2 では，ポスティング課題 (B = - .76, SE = .87, β = - .18, p = .39, R^2 = .18) 及びバー課題 (B = - .05, SE = .31, β = - .03, p = .88, R^2 = .18) は有意ではなかった。しかし，サイズを含む概念理解は有意であった (B = - .11, SE = .04, β = - .50, p = .02, R^2 = .18)。

第 4 節　考　　察

4-1　本研究のまとめ

　本研究では，スケールエラーがサイズを含む概念理解の未熟さ，または不適切なアクションプランの選択及び抑制の未熟さに関連しているかどうかを調べるために，それぞれの能力を測る認知課題及び質問紙調査を実施した。先行研究においては，スケールエラーは，通常サイズの物体をミニチュアとして識別できないことが原因で発生する可能性が指摘されており (DeLoache & Uttal, 2011)，また，一方では，ミニチュアのサイズに適さない物体についての表象が抑制できないために，活性化された不適切なアクションプランをもとにした行為の選択がなされることでスケールエラーが表出されるとも述べられている (DeLoache et al., 2004; Ware et al., 2006)。要約すると，本研究では，スケールエラーの生成は，通常サイズとミニチュアサイズの物体が同じか異なるかとい

うサイズを含む概念理解の未熟さによって生じる可能性，あるいは，誤ったアクションプランの選択及びその選択の抑制の失敗によって生じる可能性について，検討を行った。結果は，サイズを含む概念理解がスケールエラーの数を有意に予測する変数だが，プランニング課題及び抑制制御課題の得点は，スケールエラーの数を有意に予測しないというものであった。

4-2　本研究からわかったこと

　まず，スケールエラーの数とサイズを含む概念理解の間に関連が示された点について考察する。Brownell et al. (2007) は，スケールエラーの数と幼児自身の身体サイズの理解を調べる課題の間に負の関連が見られたことから，スケールエラーは幼児の身体についてのサイズ理解の未熟さに起因するとしている。Brownell らの行った課題は幼児の身体サイズの理解を調べるものであり，概念理解の中でも身体の理解と物体の理解がどの程度関連するのかについては議論の余地があるが，少なくとも幼児のスケールエラーの原因の1つに，サイズ認識における未熟さが関連している可能性があるといえる。第1章でも述べたが，保持された情報によりサイズ情報が決定されうることが，成人を対象とした物体表象の理解に関する研究によって示されているように (Konkle & Oliva, 2011)，幼児の物体への概念理解が，その行為に影響する可能性もある。DeLoache et al. (2004) は，スケールエラーの生成について，ある物体を同定するときに，小さい，関われない等，サイズに関する情報が物体表象に含まれておらず，活性化された物体表象と実際の物体サイズについての情報の統合に失敗した結果であると述べている (DeLoache et al., 2004; DeLoache & Uttal, 2011; Ware et al., 2006)。本研究の結果及び先行研究の知見も踏まえると，スケールエラーは，通常サイズとミニチュアサイズの物体が同じか異なるかというサイズを含む物体の概念理解の未熟さに起因する可能性があるといえる。

　次に，スケールエラーの数とプランニング課題及び抑制制御課題の成績との間に関連が見られなかった点を考察する。本研究の結果より，スケールエラーにおいては，物体への行為の選択及び抑制等，目標指向的な行為を行う能力は問題ではなく，むしろ眼前のサイズ情報及び物体の概念理解を含めた情報を処理する能力が関わっていることが考えられる。DeLoache & Uttal (2011) が述

べるように，スケールエラーは，サイズ情報の処理及び目標指向的な行為についての情報の統合に失敗して生起する現象である。このことからスケールエラーには，物体に関わる際に必要となるサイズ情報やアクションプランの選択及び抑制能力が影響すると考えられる。したがって，適切な行為の選択が求められるアクションプランや運動反応を抑制する能力を調べるために用いた本研究の課題とスケールエラーの関連は示されなかったのだろう。

　本研究の結果から，スケールエラーは，サイズを含む概念理解の未熟さに起因するものであり，アクションプラン及び抑制能力の未熟さに起因するものではないことが示唆された。しかし，本研究では，サイズを含む概念理解を評価する指標が，保護者の証言から得られた単一の測定指標であり，幼児が実際に示した行動指標ではない。幼児に課題を行い，幼児の行動指標から，それらとの関連を検討する必要があるだろう。また，現在の研究で使用されているプランニング及び抑制制御課題は，月齢の高い幼児には課題が容易すぎたため，天井効果となっていた可能性がある。幼児のプランニング能力は3歳頃，また，抑制能力は就学前（3-5歳頃）から発達しはじめるという知見もあり（Gerstadt, Hong, & Diamond, 1994; Moriguchi, 2012），本研究の対象となった月齢の高い幼児において適切な課題ではなかった可能性がある。本課題で用いたプランニング課題は運動制御にも関わるとされており（Jovanovic & Schwarzer, 2011; Street et al., 2011），抑制制御課題はワーキングメモリといった運動反応の抑制以外の認知能力も必要とされる（Bell & Adams, 1999）。したがってサイズに適さない振る舞いの抑制や，適切な行為の選択を反映する能力を計測するための課題としては，十分ではなかったことが考えられる。これらのことから本研究で検討した課題がスケールエラーで想定されている物体表象の活性化や抑制等をどの程度反映していたものであったのかは不明である。

　また，本研究では，アクションプランの選択と抑制に関わる能力としての，すなわち，行為への振る舞いに関わる抑制能力を検討したが，DeLoache et al.（2004）は，「活性化されたアクションプランの抑制の失敗」以外の要因に，前頭葉の活動に代表されるような，より一般的な「抑制能力の未熟さ」を挙げている。研究1においては，対象年齢には適さないアクションプランの抑制を問う課題であった可能性は考えられるものの，適切な行為の選択が求められるア

クションプランを抑制する能力には関連が示されないという結果であった。そこで研究2ではより全般的な抑制能力に着目するとともに，少し難度の高い，スケールエラーを生成している際のサイズ変化に伴う幼児の物体処理における抑制能力を問う課題により調べることとした。その際に，NIRSを用いて，より広い意味での抑制能力を反映しやすいとされる脳部位である，前頭葉の活動を調べることとした。スケールエラー課題においては，道具が物体のサイズに適さないという葛藤状況下において，抑制能力に関わる前頭前野領域の関連が示される可能性が考えられた。

第 **3** 章
子どもがモノに関わるときの
脳の発達

第1節　研究2　スケールエラーと前頭葉の活動との関係

1-1　問題と目的

　研究1では，サイズを含む概念理解の未熟さ，または不適切なアクションプランの選択及び抑制の未熟さにスケールエラーが関連しているかどうかを調べた。その結果，保護者によって判定されたサイズを含む概念理解の未熟さのみが関係する可能性が示唆されたに過ぎず，また，DeLoache et al. (2004) が述べた抑制制御の中でも「活性化されたアクションプランの抑制」には関連が示されなかった。研究2では，より広い意味での抑制能力を反映しやすいとされる脳部位である，前頭葉の活動の様子を調べることで，抑制能力の関与を検討することにした。抑制能力は，与えられた状況下において優位な行動を意図的に抑制する能力であり（森口，2010），DeLoache et al. (2004) は物体の認識と行為を行う際の視覚情報の統合を促しうる要因の1つとして，前頭葉を含む抑制能力の発達を挙げている。これを考慮すると，スケールエラー課題において，道具が物体のサイズに適さないという葛藤状況におかれたとき，抑制能力に関わる前頭前野領域の活動が関わってくると考えられた。こうした葛藤状況下で求められる抑制能力と，それに関連して活動するといわれる前頭前野の状況を調べるため，研究2では，NIRS（近赤外分光法）を用いて，スケールエラーを示す幼児と示さない幼児の課題従事中の前頭前野の活動を比較し，スケールエラーが，前頭前野が関わる抑制能力の未熟さに起因するのかを明らかにすることを目的とした（図3-1）。

　刻一刻と変化する状況に応じて，そのつど適切な振る舞いをするには，腹側

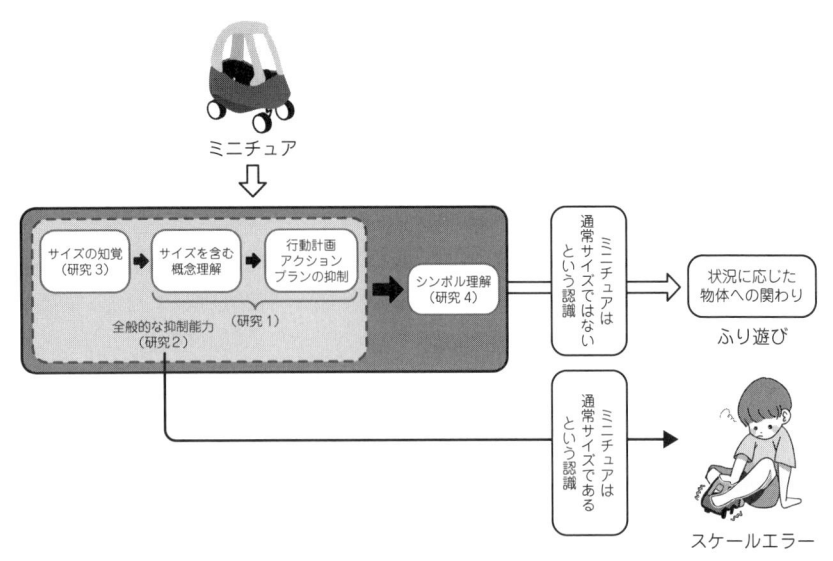

図 3-1　研究 2 で検討した内容の概略図

及び背側経路の連絡だけでは不十分である。認識及び認識に基づく行為の組織化に必要な情報処理の統合においては，前頭前野の働きが重要になってくる。前頭前野は主に目標指向的な行動の実行制御にも関わっているとされるが，運動に関わる行動の認知的制御やワーキングメモリに関わるような情報の保持の役割にも関与している（森口，2010）。優位な反応を抑えその状況に適した行為を行う抑制能力は，実行機能の中の 1 つとされる。乳幼児期の抑制能力と前頭葉との関連性については，NIRS を用いた手法により報告されている（Baird et al., 2002; Koch, Miguel, & Smiley-Oyen, 2018; Moriguchi & Hiraki, 2009; 2013）。

　NIRS は非侵襲的で，身体的拘束性も少なく，乳幼児の脳活動を安全に計測する手法であるとされる（Moriguchi & Hiraki, 2009; 多賀，2007）。また，時間分解能に優れているため，脳活動の変化を時系列的に計測できる（髙倉，2015）。近赤外光は，皮膚や頭蓋骨の透過性が高いとされており，その光成分は，脳組織内にて拡散し，頭皮上から約 20-30mm の深部にある大脳皮質に到達する（山下・牧・山本・小泉，2000）。この皮質に到達した光を頭皮上にお

いて検出し，乱反射して戻ってきた光成分を検出することで計測が可能となる（多賀，2007）。検出光においては，酸素と結合した酸素化ヘモグロビン（以下，oxy-Hb），酸素と解離した脱酸素化ヘモグロビン（以下，Deoxy-Hb），また，これらの総和である総ヘモグロビン（以下，total-Hb）の，それぞれの濃度の相対的な変化を推定することができる（山下ら，2000）。

　Moriguchi & Hiraki（2009）は，NIRS を用いて，優位な反応を抑えたうえで適切な反応を行うといったルールの切り替えが求められる認知課題を実施した。その結果，課題を完璧に遂行できた5歳児と成人とでは下前頭領域の活動が見られたが，課題に失敗した3歳児は，当該領域の活動は見られなかったという。さらに，Moriguchi & Hiraki（2013）は，課題に失敗した3歳児に，約1年後に再び同様の課題を実施し，そのときの脳活動の変化を縦断的に検討している。3歳時点では課題に失敗した幼児は，4歳時点においては課題を通過しており，また，下前頭領域の有意な活動が見られたことを明らかにしている。このように，ルールの切り替えや抑制においては，幼児の前頭葉に関わる領域が関連することがわかっている。3歳未満の乳幼児の抑制能力に関わる脳活動を調べた研究は非常に少ないとされるが（森口，2014），EEG（脳波）やNIRSを用いて，A-not-B 課題中の乳児の前頭前野の活動を検討した研究はある（Baird et al., 2002; Bell & Fox, 1992）。Bell & Fox（1992）は，7-12 か月の乳児のうち，A-not-B 課題に成功した乳児の前頭領域における EEG パワーの増加が見られたことを報告している。また，Baird et al.（2002）は，隠されたおもちゃを探索できた場合とできなかった場合の5か月の乳児の脳活動を比べたところ，正しく物体を探索できなかった場合に比べて，正しく探索できた場合の乳児の前頭領域の活動が有意に高いことを明らかにしている。このように，乳幼児期の抑制能力においては前頭領域の活動の関連が示されている。

　スケールエラーと抑制能力を含む前頭前野との関連性についてはこれまでの先行研究においても論じられてきたが（DeLoache et al., 2004; DeLoache & Uttal, 2011），スケールエラーを示す幼児と示さない幼児とで前頭葉の働きにいかなる違いが見られるのかについては検討されてこなかった。前頭前野は，ある特定の状況においては行動するが，それ以外の状況では行動を制御するといったように，複数の競合する刺激の中からある刺激を選択する際において活

動することが知られている（森口，2014）。DeLoache et al. (2004) は，スケールエラーを示す幼児は通常サイズの物体に関わる優位な反応を抑制することが難しいと述べており，与えられた状況において不適切な行為を抑制し適切な行為を産出することがスケールエラーの原因の1つとなっている可能性がある。したがって，スケールエラー課題中の幼児の前頭前野を NIRS により調べることで，抑制能力の発達度合いとの関連が示されるのではないかと予測された。具体的には，スケールエラーを示す幼児と示さない幼児において課題従事中の前頭領域の活動に差異が認められることが考えられた。

　本研究では，身体を用いたスケールエラー課題では NIRS での脳活動の測定はできないため，課題従事中の体動を比較的少なく抑えられると考えられる，道具を用いたスケールエラー課題を行うこととした。スケールエラー課題では，幼児が物体のサイズに適さない道具を選ぶことを抑え，適したサイズの道具を選ぶ必要がある点で，より前頭葉の活動が必要とされると考えられる。スケールエラーを示さない幼児は，スケールエラーを示す幼児に比べて，道具が物体のサイズに適さないという葛藤状況下において，抑制能力に関わる前頭領域がより活動すると考えられた。

　なお，本章の内容は，Ishibashi & Moriguchi (2021) の内容を日本語化し加筆修正したものである。

第2節　方　　法

2-1　参　加　児

　27 名の幼児であった（平均月齢 = 33.15 か月，*SD* = 5.56，女児 15 名，レンジ = 26-42 か月）。実験に参加した幼児はすべて右利きであった。27 名の幼児の他に，10 名の幼児が調査に参加したが，NIRS 装着の拒否（5 名），課題の中断（1 名），実験手続きによるエラー（4 名）の理由で本分析からは除外された。本実験は，京都大学内のプレイルームにて行われた。なお本研究は，京都大学教育学研究科の倫理審査専門委員会にて承認を受けた（倫理番号 29-P-18）。

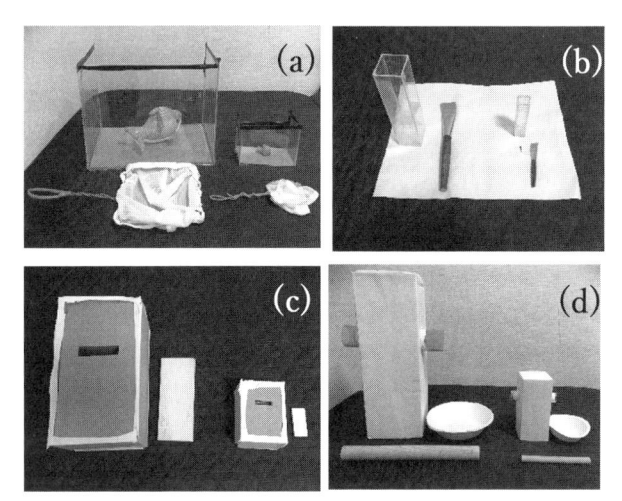

図3-2　スケールエラー課題で用いた道具と装置（右：通常サイズ，左：ミニチュアサイズ）
(a) Fishing,　(b) Painting,　(c) Music,　(d) Popping
Ishibashi & Moriguchi（2021）を一部改訂

2-2　実験刺激

スケールエラー課題

　机，椅子，ビデオカメラ1台を用意した。スケールエラー課題で使用した道具は，先行研究（Casler et al., 2011）を参考に，道具及び装置を作成した（図3-2）。道具は装置に適した大きさのものと，ミニチュアサイズ（通常サイズの約4分の1サイズ）のものをそれぞれ用意し，以下4つの道具と装置を用いた。（a）Fishing：ネット（道具）で水槽（装置）の魚をすくうことができる。（b）Painting：筆（道具）で容器（装置）に入った絵具で絵を描く。（c）Music：箱（道具）に板（装置）を差し込むと音が鳴る仕組み。（d）Popping：バー（装置）にチューブ（道具）を差し込むとスポンジが飛び出す仕組み。課題従事中の幼児の様子を1台のビデオカメラで撮影した。

2-3　実験手続き

　来学した保護者には，調査内容，データの管理及び匿名での公表などの説明を行った。幼児から実験参加の同意が得られた場合に，保護者にも研究協力同意書に署名をしていただいた。参加児が実験室及び実験者に慣れたところで，

スケールエラー課題を実施した。

スケールエラー課題の手続き及び課題従事中の脳活動の計測

　まず参加児に通常サイズの道具及び装置を提示し，4つの道具及び装置の使い方を教示した。その後，参加児の同意を得られた場合にのみ NIRS を装着し，実験手続きを開始した。手続きは，幼児期の NIRS 研究を用いた課題の実施においても適用されている，ベースラインとなる課題とターゲットとなる課題を交互に数回繰り返すブロックデザインと呼ばれる手法をもとに考案された（例えば，Moriguchi & Hiraki, 2009）。

　手続きは，15秒の課題を提示しない時間（レスト），30秒の課題提示のフェイズ（free play・scale error セッション）からなり，計8試行繰り返すものであった（図3-3）。具体的には，15秒間のレスト後，30秒間装置及び通常サイズの道具を提示し，参加児にそれらで自由に遊んでもらった。その後，参加児には再び15秒間のレストを設け，参加児が見ていない間に通常サイズとミニチュアサイズの道具を2つ用意した。このとき，装置がミニチュアサイズに変えられているため，参加児は装置の大きさに適したミニチュアサイズの道具を選択する必要がある。30秒間，参加児がどちらの道具を選ぶのかを観察した。つまり，各セッション（free play・scale error それぞれ30秒）の前後に15秒間のレストがあり，レスト時に実験者は装置及び道具を入れ替え，セッションの開始からすぐに参加児が装置及び道具に関われるようにした。scale error セッション時に，装置の大きさに適さないサイズの道具を選んだうえで，その装

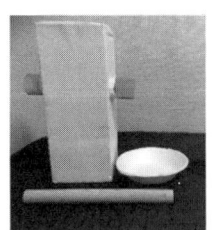

図3-3　実験の流れ
Ishibashi & Moriguchi（2021）を一部改訂

置に当てはめようとした場合をスケールエラーありとした。詳しく述べると，30 秒のうち 1 度でも，サイズに適さない道具を選んだ場合はスケールエラーありと分類したが，幼児が最初に適切なサイズの道具を選び，その後サイズに適さない道具を選んだ場合は，スケールエラーありに分類しなかった。この分類の基準は，先行研究を参考にした（Casler, 2014）。参加児は，装置の大きさに適さない道具を選ぶことを抑えて，装置のサイズに適した道具を選ぶことが求められる。どちらかの道具を選ばせるという強制選択法は，道具を用いたスケールエラー課題の手続きにおいても同様に実施されている（Casler, 2014; Hunley & Hahn, 2016）。

2-4　コーディング及び解析

（1）NIRS 計測

　NIRS は 16 の計測チャンネルから成る光イメージング機能測定装置スペクトラテック（OEG-SpO2, Spectratech Inc., Tokyo, Japan）を使用した。近赤外線光の波長領域は 770nm 及び 840nm，サンプリング周波数は 6.10Hz であった。送受信距離は 3cm であり，すべてのプローブは 15 × 3cm の範囲に格子状に配置された。

　装置は，脳波国際 10-20 法に基づく，F3/4（チャンネル 2, 4, 5 とチャンネル 11, 13, 14：左右の背外側前頭前野；right/left DLPFC）と F7/8（チャンネル 3, 4, 6 とチャンネル 12, 13, 15：左右の腹外側前頭前野；right/left VLPFC）の位置に装着され，スケールエラー課題従事中の oxy-Hb と deoxy-Hb 濃度の相対変化量が記録された。

（2）NIRS 解析

　解析においてはソフトウェア OEG-16（Spectratech Inc., Tokyo, Japan）と Python 2.7.13（https://www.python.org/）を用いた。解析の前に，移動平均（データ数を 5 に設定）を用いてデータの平滑化を行い，直線補間によるベースライン補正処理を行った。NIRS 信号成分では，F シグナル（Functional signal: 脳機能成分）のみを用いた。また，局所脳血流の変化に敏感であり，かつ，血液酸素濃度依存性（Blood oxygenation level dependent）と強い相関が

見られるとされる oxy-Hb シグナルのみを用いた（Strangman, Culver, Thompson, & Boas, 2002）。全参加児の oxy-Hb データから，チャンネルごとに平均値と SD の値を算出し，± 3SD 以上の値であった参加児のデータを検出し，そのデータに当該チャンネルの平均値を代入した。以上の解析手順は，幼児を対象に NIRS を用いた先行研究（Kajiume, Aoyama-Setoyama, Saito-Hori, Ishikawa, & Kobayashi, 2013; Moriguchi & Shinohara, 2018; Tsujii, Yamamoto, Masuda, & Watanabe, 2009; Yanaoka, Moriguchi, & Saito, 2020）の手順を参考にした。

第3節　結　　果

3-1　記述統計の結果

27 名中 9 名の参加児がスケールエラーを示した。スケールエラーを示した幼児の平均回数は 1.33（SD = 0.70）であった。9 名の参加児をスケールエラーあり群，残りの参加児をスケールエラーなし群とし，2 群の差を比較した。スケールエラーあり・なし群間で月齢及び性別の差は見られなかった（月齢：t (25) = 0.78, p = 0.44, d = 0.32，性別：χ^2 (1) = 0.68, p = 0.42, ϕ = 0.16）。したがって，解析においては月齢及び性別は考慮しないこととした。

3-2　スケールエラーと前頭領域の関係

スケールエラーあり児となし児の前頭領域の活動を調べるために，グループ（スケールエラーあり・なし），領域（right DLPFC vs. left DLPFC vs. right VLPFC vs. left VLPFC），セッション（free play・scale error）の 3 要因分散分析を行った。なお，先行研究の手順に従い（Moriguchi, Sakata, Ishibashi, & Ishikawa, 2015），レストからタスクセッションを引き，レスト及び課題提示のセッション中の oxy-Hb の変化を計測した。その結果，セッションの主効果があり，free play 時に比べ，scale error 時において前頭葉が有意に活動していることが示された（F (1, 25) = 7.58, p = 0.01, η^2 = 0.08）。グループの主効果（F (1, 25) = 0.02, p = 0.89, η^2 = 0.0002）及び領域の主効果（F (3, 75) = 0.99, p = 0.40, η^2 = 0.01）は有意ではなかった。また交互作用も見られなかった（all ps

＞ 0.16）。

　しかしながら，参加者ごとに光学距離や頭部の位置が異なるため，グループ
間におけるデータの比較には留意の必要があると指摘されている（Zhao et al.,
2002）。それゆえ，グループ間の比較のほかに，グループ内の脳活動を調べる手
法も行われている（Moriguchi et al., 2015）。本研究においても，スケールエラ
ー課題中にスケールエラーを示す幼児と示さない幼児，それぞれのスケールエ
ラーの外側前頭前野の活動を検討することとした。レストとセッション（free
play or scale error）の oxy-Hb の変化の違いを見るために対応のある t 検定を
実施した。ボンフェローニ法による p 値の補正をグループ，タスク，チャンネ
ルを適用し，0.003 を基準とした。その結果，スケールエラーを示さない幼児
が，scale error セッション時において，右側背外側前頭前野（right DLPFC）
がレスト時と比べて，有意に活動することが示された（t (17) = 3.450, p =
0.003）。それ以外の有意な活動は示されなかった。

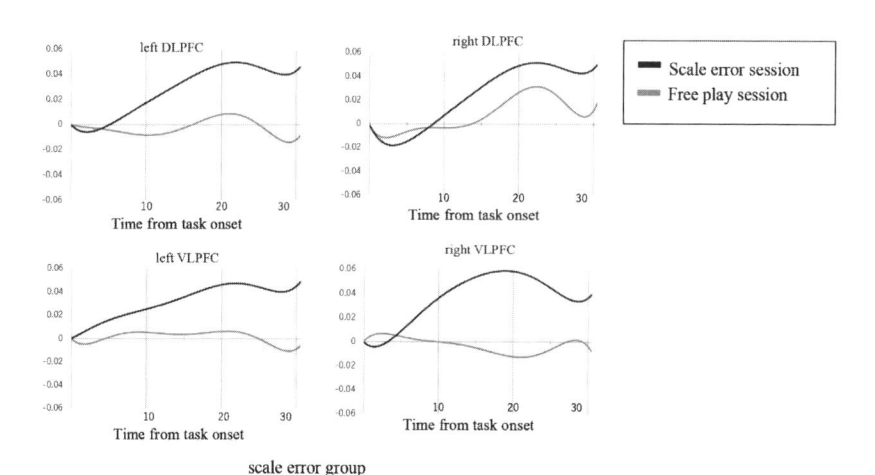

図 3-4　スケールエラーありグループにおける，free play 及び scale error セッション時の各領
域（Right DLPFC［channels 2, 4, 5］，Left DLPFC［channels 11, 13, 14］，Right VLPFC
［channels 3, 4, 5］，Left VLPFC［12, 13, 15］）に見られる oxy-Hb の時系列データ
Ishibashi & Moriguchi（2021）を一部改訂

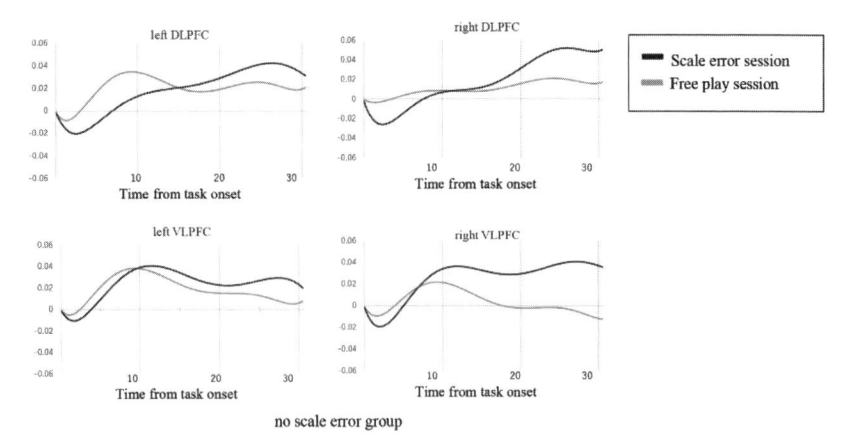

図 3-5 スケールエラーなしグループにおける，free play 及び scale error セッション時の各領域（Right DLPFC [channels 2, 4, 5]，Left DLPFC [channels 11, 13, 14]，Right VLPFC [channels 3, 4, 5]，Left VLPFC [12, 13, 15]）に見られる oxy-Hb の時系列データ
Ishibashi & Moriguchi（2021）を一部改訂

第 4 節　考　　察

4-1　本研究のまとめ

　本研究では，スケールエラーと抑制能力の関連を調べるために，NIRS を用いてスケールエラー課題中の前頭前野の活動を，スケールエラーを示した幼児とそうでない幼児とで比較した。実験においては，通常サイズの装置と道具で遊ぶセッション（free play）と，装置のサイズに適した道具と適さない道具を提示し，どちらかを選択して遊ぶセッション（scale error）が設けられた。このとき scale error セッションにおいて，道具と装置を用いて正しく遊ぶには，装置のサイズに適さない道具を選ぶことを抑えて，装置のサイズに適した道具を選ぶことが求められた。装置のサイズに適さない道具を選択した場合をスケールエラーありとし，スケールエラーを示した幼児とそうでない幼児の脳活動を比較した。結果として，いずれのグループにおいても，free play セッション時と比較して，scale error セッション中に腹外側及び背外側前頭前野（VLPFC・DLPFC）が活性化し，スケールエラーを示す幼児と示さない幼児とで前頭前野の活動に違いは示されなかった。しかし，グループ間の比較ではなく，スケールエラーを示した幼児とそうでない幼児のそれぞれの脳活動を調べ

た際に，スケールエラーを示さない幼児においては，scale error セッション中の右側背外側前頭前野（right DLPFC）がレスト時に比べて，有意に活動することが示された。この活動は，レスト時と free play セッション時において差は見られず，さらに，スケールエラーを示す幼児においては，レストとセッション間においてはいずれの領域においても有意な活動は示されなかった。この結果は，スケールエラーを示さない幼児においては，サイズに適した道具を選択する際に前頭前野の一部の部位の活動が見られるということを部分的に示唆するものであったといえるかもしれない。

4-2　本研究からわかったこと

　DeLoache et al.（2004）は 2 歳頃の幼児に見られる前頭葉の未成熟さが，適切ではない反応の抑制を困難にさせているのではないかと述べている。このことから，スケールエラーを示す幼児は，通常サイズの物体に関わる優位な反応を抑制することが難しく，適切な行為の産出においては前頭葉の成熟が重要であると論じている（DeLoache et al., 2004）。本課題のスケールエラーセッション中に有意な前頭前野の活動が見られたのは，以前の行為を抑制し，目の前の物体に応じた適切な行為を適用することが求められたためと考えられる。つまり，スケールエラー課題においては，自由におもちゃと関わるフェイズとは異なり，幼児は不適切なサイズの道具の選択といった優位な応答を抑え，ミニチュアの装置に適したサイズの道具の選択という，その状況に応じた適切な応答が求められていたと考えられる。本研究に関連して，前頭前野は，複数の競合する刺激の中から，ある刺激を選択する際において活動することが知られている（Jha et al., 2004）。3 歳から 5 歳の幼児の実行機能を調べた研究では，課題を通過した幼児の外側前頭領域が，課題を通過しなかった幼児に比べて，有意に活動することや（Moriguchi & Hiraki, 2009），A-not-B 課題に成功した乳児の前頭前野の活動が見られることにおいても示されている（Baird et al., 2002; Bell & Fox, 1992）。

　また，今回，スケールエラーなしグループにおいて，レスト時に比べてタスク時に right DLPFC が有意に活動した点を考察する。DLPFC に損傷のあるサルは，A-not-B 課題に失敗することも明らかになっており，DLPFC の発達と

抑制能力との関連性は，霊長類を含め，乳児においても認められている（Espy et al., 1999）。DLPFC は当該のルールに適した行為の遂行が求められるときなど，高次の認知機能が働く際に活動するといわれており（Goto et al., 2011; Moriguchi & Sakata, 2020），児童を対象にした知見ではあるが，ストループ課題を実施したときに DLPFC が活動することが確認されている（Koch, Miguel, & Smiley-Oyen, 2018）。本研究で，スケールエラーを示さない幼児の right DLPFC が活動した理由については，不適切なサイズの道具ではなく適切な道具を選択した場合に装置を動かすことができるというルールに基づく行為を幼児が遂行できていたため，当該領域が有意に活動した可能性が考えられる。この結果は，分散分析の結果においてグループ間の差は示されていないうえ，スケールエラーを示さない幼児内で free play セッション中と scale error セッション中の間に有意な活動差は示されなかったことから，解釈は慎重に行う必要があるが，スケールエラーが生じうる要因に抑制制御能力の未熟さが関連している可能性を部分的に支持しているとも考えられる。

　とはいえ，本研究で行った道具を介したスケールエラー課題は，その他の認知的要因の影響もあることが考えられる。また，序論でも述べたとおり，スケールエラーの生成には抑制能力の未熟さ以外にも多数の要因が想定されている。Ishibashi & Moriguchi（2017, 本書研究 1）でも，スケールエラーの頻度と幼児の抑制制御能力を調べる課題（A-not-B 課題）の成績を調べたところ，その間に関連は示されず，スケールエラーの頻度は大小のサイズを含む概念理解についての保護者による評定得点のみが関連することが示された。抑制制御能力を調べる課題はアクションプランの抑制を調べるために用いた課題ではあったが，前頭葉の活動と関連する知見を考えると（Baird et al., 2002; Bell & Fox, 1992），スケールエラーが抑制能力の未熟さの反映であるとの解釈には慎重になる必要があるだろう。

　また，特に道具を介したスケールエラー課題では，道具とその使用に関する結びつきがより強まり，道具から誘発される意味知識や機能的な情報が過剰に優位になることによって，スケールエラーが生じうる可能性についても論じられている（Casler, 2014）。道具を用いるときのスケールエラーが，身体と物体間のスケールエラーと同じ認知機能によるのかは議論の余地がある。いずれの

スケールエラーも行為を行うための情報の統合に失敗した結果（DeLoache et al., 2004）であると考えるならば，道具と身体を介したスケールエラーは類似していると想定される。しかし，身体を介して物体に関わる際のサイズ理解には，幼児自身の身体感覚を伴うサイズ理解が関係しており，物体間の相対的なサイズ理解とは異なる。スケールエラーにおいては，身体を介したスケールエラー課題の成績と身体サイズ理解に関する課題の成績には負の関連性が示されており，自分自身の身体の大きさの理解がスケールエラー生成の要因の1つとなっていることも示されている（Brownell et al., 2007）。また，物体を含む行為と，身体の行為では神経システムが異なることも示されており（Kosslyn, DiGirolamo, Thompson, & Alpert, 1998），行動レベルにおいても，道具を介した課題と身体を介した課題を1歳から2歳の幼児に実施した実験においては，課題間で成績が異なることも示されている（Street et al., 2011）。この点は，身体と道具を介したスケールエラーの脳活動もあわせて検討することで，明らかにされていく点であろう。

　本研究の限界点として，以下の点が挙げられる。本研究の実験手続きは，先行研究の手続きに従い，scale error セッション時に，新奇な道具と見慣れた道具を同時に提示していたが，道具の新奇性によって，前頭領域の活動が強まった可能性も否定できない。前頭領域の活動が道具の優位な応答の抑制の結果を示していたのかどうかは，慎重に解釈する必要があるだろう。この解釈から考えると，スケールエラーあり・なしグループいずれにおいても前頭領域が高まりうる可能性が考えられる。また，スケールエラーを示した幼児は9名であり，今後はより大きなサンプルサイズで本研究を追試する必要があるだろう。これに関連して，前頭領域の活動について個人内での変動を見ることや，スケールエラーありグループの中でも，スケールエラーを示している試行時とそうでないときの試行時の脳活動を調べるなど，解析方法をさらに検討することで，サンプルサイズを含む本研究の限界点について，考慮できる可能性がある。

　このように，本研究のスケールエラーと抑制能力との間に見られた有意な結果はほんの一部であり，研究1でのサイズを含む概念理解の結果と合わせても，サイズ変化に伴う物体処理において求められる抑制能力というよりも，別の要因が関連している可能性も考えられた。

　これまで研究1及び2では，スケールエラーの原因を調べるには，保護者への質問紙から得られた結果や，幼児への認知課題との関連性，道具を用いた際の幼児の物体処理との関連を調べてきた。しかし，実際のスケールエラー課題中の幼児の物体への関わりを詳しく調べてきたわけではない。従来，スケールエラーの原因を調べるには，関連する認知課題との組み合わせにより検討がなされてきたが，そもそも，スケールエラー課題従事中の，実際に物体に関わっているときの幼児の行動を観察し，スケールエラーが生じる際の幼児の行動的特徴や反応を詳しく見ることで，スケールエラーが生じる背景要因や行動メカニズムの解明につながる手掛かりが得られるのではないかと考えた。そこで研究3及び4では，その点を詳しく検討することとした。

第**4**章

子どもがモノを
知覚するときの発達

第1節　研究3　スケールエラーと物体サイズを検知する能力との関係

1-1　問題と目的

　研究3では，これまでの研究において検討してきた，サイズを含む概念理解や抑制能力以外の要因を検討するために，そもそも，スケールエラー課題中の幼児の行動的特徴や反応はどのようなものなのか，幼児が実際に物体にどのように接しているのか，物体との関わりについて詳しく検討することにした。また，幼児が物体のサイズをどう知覚しているのかを考察するために，スケールエラー課題中に物体のサイズを変化させ，スケールエラーを示す幼児と示さない幼児の反応を検討することにした。

　幼児が物体サイズをいかに判断しているのかについては，DeLoache et al. (2004) がスケールエラー課題において調べている。DeLoache et al. (2004) は19か月から28か月の幼児に，通常サイズの物体とミニチュアサイズの物体を同時に提示し，例えば「椅子に座って」等，目標となる行為をするよう指示した。その際に，幼児は要求された行動を行うのにふさわしい，通常サイズの物体を選択できたことから，幼児は相対的なサイズの違いを区別できていると報告されている。この結果を受け，DeLoache et al. (2004) は，幼児のスケールエラーは相対的なサイズ判断の未熟さにより生起するのではなく，サイズが通常サイズからミニチュアサイズに変更された際の幼児の認識過程において生じることを挙げ，スケールエラーは，ミニチュアの物体を知覚した際に，通常サイズの物体と区別できないために生じると論じている (DeLoache et al., 2004; DeLoache & Uttal, 2011)。

　DeLoache らの議論から Grzyb et al.（2017）は，対象となる物体のサイズが通常サイズからミニチュアサイズに変更されたときに，その物体サイズを同一のものとして判断している可能性を論じ，幼児のスケールエラーは，サイズの変化の見落としといったサイズ変化に伴う物体サイズを検知する能力の未熟さに起因するのではないかと考えた。その説を検証するために Grzyb et al.（2017）は，アイトラッカーによる注視時間の計測により，幼児が物体サイズの変化を知覚できたかどうかを調べた。まずサイズ変化を調べる課題としては，成人のモデルが適切なサイズの物体を用いて行為を行う様子を見せたのちに，その物体のサイズが変化するというアニメーションを，18-25 か月及び 36 か月の幼児に提示するというものであった。各試行には，成人が非常に大きな物体を使用する試行と，非常に小さな物体を使用する試行が含まれており，映像への幼児の注視時間が計測された。サイズ変化を検知できたかどうかの指標としては，モデルが適切なサイズの物体を用いて行為をする場合と比べて，不適切なサイズの物体で行為を実行した際にその画面への注視時間が増えれば，その物体サイズの変化が検知できたと判断された。この映像を提示した後に，スケールエラー課題を実施し，スケールエラーを示す幼児と示さない幼児とに分類した。その結果，スケールエラーを示さない幼児は，スケールエラーを示す幼児に比べ，物体のサイズが通常サイズから非常に大きなサイズに変化したときに有意に注視時間が増加したことが明らかになった。このことから Grzyb et al.（2017）は，スケールエラーは物体のサイズに注意を払わないといった，物体を検知する能力の未熟さに起因すると述べた。

　しかし，Grzyb et al.（2017）の検証では，非常に小さいサイズに変化した際には顕著な注視時間の差は見られなかったとされているうえ，幼児が物体に関わっている際の反応を詳しく調べたわけではない。そこで本研究では，スケールエラー課題の幼児の反応から，スケールエラーがサイズ変化に伴う物体サイズを検知する能力，特に非常に小さいサイズへの変化を検知する能力の未熟さから生じているのかどうかを検討することとした（図 4-1）。

　幼児の物体の関心の度合いを測る指標としては，Grzyb et al.（2017）が用いた注視時間のみならず，接触時間も広く用いられている（Quinn, Eimas, & Rosenkrantz, 1993; Oakes, Madole, & Cohen, 1991; Shinskey & Munakata,

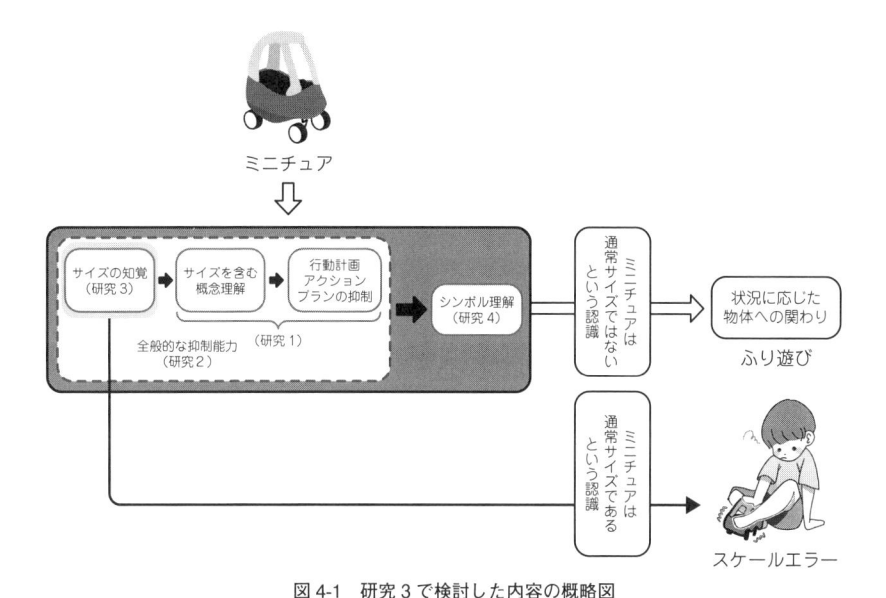

ミニチュア

図 4-1　研究 3 で検討した内容の概略図

2005）。一般に，幼児は新奇の刺激を好む傾向にあるが，その刺激が繰り返されることでその刺激への関心が下がるため，刺激への注視時間が減少するという馴化が生じる（Fantz, 1958）。特に，幼児の探索による馴化及び脱馴化の手法は，幼児の注意のプロセス及び物体の符号化過程を検証するために使われてきた（Oakes et al., 1991）。その手法では，幼児が自発的に物体探索を行う接触時間の長さを，慣れ親しんだカテゴリーと新奇な物体とを区別しているかどうかを判断する指標としている（Oakes et al., 1991; Ross, 1980; Ruff, 1984）。具体的には，幼児にあるカテゴリーの物体を繰り返し探索させその物体に馴化させた後，テスト時に，馴化したカテゴリーに属する新奇の物体と新しいカテゴリーに属する新奇の物体を提示するという手続きをとる。幼児が，馴化した物体より，新奇カテゴリーに属する物体においてより長い時間探索した場合，これら 2 つの物体の区別ができていると判断され，新しいカテゴリーが形成されたことの指標となる。反対に，幼児が新しい物体に何ら関心を示さない，つまり馴化した物体と新奇の物体の探索にかける時間が同等であれば，既知と新奇の物体の特徴を判別できなかったと判断される（Oakes et al., 1991）。

　Grzyb et al.（2017）の研究は，上記の手法において幼児が画面に向けた注視時間を指標としたが，本研究では，スケールエラー課題従事中の幼児がおもちゃへの探索に対する接触時間を指標とすることとした。具体的には，幼児が通常サイズとミニチュアサイズの物体を判別できるかどうかを，通常サイズ及びミニチュアサイズ時に探索した接触時間をそれぞれ算出し，それらの差分を見ることで，サイズ知覚の指標とした。通常サイズの物体をミニチュアサイズの物体に変えた後に，物体への接触時間が増えた場合，幼児は，サイズが変化したことを検知できたと解釈できる。逆に，接触時間が通常サイズ時に比べミニチュアサイズ時に減少した場合，幼児はサイズの変化を検知できていないと解釈できる。上記の方法により，スケールエラーの有無において違いが見られるのかを比較することで，幼児のスケールエラーがサイズ変化に伴う物体サイズを検知する能力の未熟さにより生じるのかを検討することを目的とした。仮にスケールエラーがサイズ知覚の未熟さに影響するのであれば，スケールエラーを示す幼児は，スケールエラーを示さない幼児と比べ，ミニチュアサイズの物体への接触時間が通常サイズの物体への接触時間より少なくなることが予測された。ミニチュアを新奇な物体であると幼児が見なしているのであれば，より多く探索が見られると考えられる。一方で，ミニチュアを既知の物体であると幼児が見なしているのであれば，その物体への接触は少なくなる可能性が考えられる。

　なお，本章の「補足分析」以外の内容は，Ishibashi & Moriguchi（2019）の内容を日本語化しまとめたものである。結果の「補足分析」については，新たにIshibashi & Uehara（2020）の分析方法に倣って分析を行い，まとめたものである。なお，研究1と研究3の参加者は同一である。

第2節　方　　法

2-1　参　加　児

　54名の幼児（平均月齢 = 24.0 か月，SD = 5.4，女児22名，レンジ = 16-37か月）であった。本研究の参加者は研究1の参加者と同一であり，参加児の月齢や性別に関する情報は表2-1に示してある。その他，2名の参加児は課題へ

の拒否により除外された。また，通常サイズとミニチュアサイズの接触時間を
比較するため，靴にのみスケールエラーを示した 3 名の参加児は除外された。
したがって，最終的には 51 名の幼児（平均月齢 = 24.33 か月，SD = 5.42，女児
21 名，レンジ = 18-37 か月）を対象とした。口頭及び書面において研究の目的
を参加児の保護者に説明し，インフォームドコンセントを得た。なお本研究
は，上越教育大学大学院学校教育研究科の倫理審査専門委員会にて承認を受け
た（倫理番号「受付番号 2」）。

2-2　実験刺激及び手続き

スケールエラー課題

　刺激及び手続きは研究 1 と同様であった。

2-3　コーディング及び解析

（1）スケールエラー課題

　スケールエラーの評定は研究 1 と同様であった。データの 25% における，第
三者による評定との一致度合いを示す κ 係数は .91 であった。不一致の評定に
ついては協議によって解決された。残りのデータは，筆者が評定を行った。

（2）サイズ変化の検知に関する解析

　物体を通常サイズからミニチュアサイズに置き換えたときに，参加児がその
変化を知覚したか判断するにあたっては，各物体を探索しているときの接触時
間を指標とした。具体的には，各物体（滑り台，車，椅子）について，通常サ
イズとミニチュアサイズそれぞれへの接触時間を計測し，記録した。セッショ
ン全体における物体との接触時間の比率は，スケールエラー課題の長さが 3 分
から 5 分と幼児の間で異なっていたため，各物体との接触時間をセッションの
合計時間で割ることにより算出した。

第 3 節　結　　果

3-1　記述統計の結果

　51 名の参加児のうち 23 名がスケールエラーありと評定された。23 名を「ス

ケールエラーあり」とし，残りの 28 名を「スケールエラーなし」とした。3 つ
のミニチュアに対するスケールエラーの平均回数は 1.39 (SD = 1.93) であっ
た。スケールエラーありとスケールエラーなしのグループ間において月齢と性
別に有意差は見られなかったため（月齢：t (49) = 1.29, p = .20, d = 0.36; 性
別：χ^2 (1) = 0.09, p = 0.76, ϕ = 0.04），年齢や性別の変数を考慮せずに解析を
行った。

3-2　物体との接触時間とスケールエラーの関係

　スケールエラーありとスケールエラーなしグループ，それぞれにおける各物
体（滑り台，車，椅子）の接触時間及び合計接触時間（滑り台，車，椅子の合
計）の比率を表 4-1 に示した。

　スケールエラー課題中の通常サイズとミニチュアサイズの物体への接触時間
が，グループ間で異なるのかを検討するために，グループ（スケールエラーあ
り・スケールエラーなし），サイズ（通常・ミニチュア），各物体（滑り台・
車・椅子）における 2 × 2 × 3 の混合分散分析を実施した。結果を表 4-2 に示
した。

　分散分析の結果，グループにおける主効果は有意ではなかったことから（F
(1, 49) = 0.12, p = 0.73, η_p^2 = 0.002），スケールエラーを示す幼児と示さない幼
児の間でサイズ変化に応じた反応時間には差がないことが示された。サイズに
ついての主効果は有意であり（F (1, 49) = 76.99, p =.001, η_p^2 = 0.61），参加児

表 4-1　スケールエラーあり及びスケールエラーなしグループにおける
物体との接触時間の比率の平均値及び標準偏差

おもちゃ	スケールエラーあり （N = 23）				スケールエラーなし （N = 28）			
	通常サイズ	SD	ミニチュアサイズ	SD	通常サイズ	SD	ミニチュアサイズ	SD
滑り台	.14	.09	.06	.06	.12	.09	.12	.17
車	.35	.19	.16	.14	.31	.24	.17	.15
椅子	.15	.12	.04	.04	.16	.16	.05	.07
合計	.21	.17	.09	.10	.20	.19	.11	.14

注：合計は，滑り台，車，椅子の値を足し合わせた平均値である。
　　Ishibashi & Moriguchi（2019, p.6, Table 2）を一部改訂（掲載元である *Psychologia*［京都大学
　　発行のジャーナル誌］の許可を得て掲載）

表 4-2　グループ（スケールエラーあり・スケールエラーなし），サイズ（通常・ミニチュア），
各物体（滑り台・車・椅子）における 2 × 2 × 3 の混合分散分析の結果

	F 値	多重比較	効果量（η_p^2）
グループ（スケールエラーあり・スケールエラーなし）	0.12 ($df = 1/49$)		0.002
サイズ（通常・ミニチュア）	76.99*** ($df = 1/49$)		0.61
物体（滑り台・車・椅子）	30.12*** ($df = 2/98$)	車 > 滑り台，机 （接触時間の長さ）	0.38
グループ×サイズ×物体	3.48† ($df = 1/49$)	ミニチュア > 通常サイズ （接触時間の長さ，スケールエラー あり・なしいずれも）	0.07

注：$^{\dagger} p < .10.$*** $p < .001.$ () 内の数値は自由度。

はミニチュアの物体（$M = 0.10, SD = 0.08$）よりも通常サイズの物体（$M = 20.30,$ $SD = 0.05$）でより長い時間その物体に関わっていたといえる。また，物体の主効果も有意であった（$F (2, 98) = 30.12, p = .001, \eta_p^2 = 0.38$）。参加児は滑り台（$M = 0.11, SD = 0.11$）や机（$M = 0.10, SD = 0.12$）よりも車（$M = 0.25, SD = 0.20$）により長い時間関わっていた。また，グループとサイズの間の交互作用が有意傾向であった（$F (1, 49) = 3.48, p = .07, \eta_p^2 = 0.07$）。単純主効果検定の結果，スケールエラーありグループは，ミニチュアの物体への接触時間に比べて通常サイズの物体への接触時間が長いことが明らかになった（$F (1, 22) = 63.19, p = .001, \eta_p^2 = 0.74$）。さらにスケールエラーなしグループにおいても同様に，ミニチュアの物体への接触時間に比べて通常サイズの物体への接触時間が長いことが明らかになった（$F (1, 27) = 23.01, p = .001, \eta_p^2 = 0.46$）。

　両グループにおいて通常サイズの物体との接触時間が長く，ミニチュアの物体との接触時間が短いことが示されたが，スケールエラーありグループではスケールエラーなしグループよりもその接触時間の減少は比較的大きい値を示していた（スケールエラーありグループの平均減少値 0.12; スケールエラーなしグループの平均減少値 0.09; 表 4-1）。

3-3　補足分析

　サイズ変化の見落としがスケールエラー課題において生じているのかどうか

は，物体がミニチュアに置き換えられた直後の幼児の反応を調べることで，さらに検討ができると考えた。また，入室してから物体に触るまでの潜時の長さはサイズ変化への困惑を示し，サイズ変化を認識していると解釈できる。そこで，Ishibashi & Moriguchi (2019) では行わなかったが，追加の分析としてIshibashi & Uehara (2020) に倣い，物体が通常サイズからミニチュアサイズへと変えられた際の幼児が最初に示した反応及び，潜時を分析することとした。なお，潜時の分析にあたり2名の幼児が，プレイルームに入室した正確な時間を計測できなかったため，除外された。幼児のミニチュア物体への反応はIshibashi & Uehara (2020) のカテゴリーを適用し反応を分類していった。グループ間で，幼児が最初に示した反応パターンは表4-3に示してある。スケールエラーありでは10名の幼児が最初に接触した物体でスケールエラーを示していた。グループ間において接触，ふり，及びスケールエラーの反応パターンが異なるのか，カイ二乗検定を行ったところ，ふりとスケールエラーにおいてそれぞれ有意差が見られた（χ^2 (2) = 17.34, p = .00, ϕ = .60）。つまり，スケールエラーなしグループの方が，スケールエラーありグループよりもふり遊びの回数が有意に多く，スケールエラーの回数が有意に少ないというものであった。

なお，潜時においてはグループ間における有意差は示されなかった（t (47) = 0.66, p = 0.51, d = 0.19; スケールエラーあり：M = 14.69 秒，SD = 17.07; スケールエラーなし：M = 20.47 秒，SD =37.84）。潜時において2群間で有意差がないという結果は，Ishibashi & Uehara (2020) と同様であった。

表4-3　スケールエラーあり及びスケールエラーなしグループにおける物体に接触したときの反応パターン

	接触	ふり	スケールエラー
スケールエラーあり （N = 22）	8	4**	10**
スケールエラーなし （N = 27）	11	16**	0**

注：表中の数値は人数。残差分析：**p < .01.
　　Ishibashi & Moriguchi (2019, p.7, Table 3) を一部改訂（掲載元である *Psychologia* ［京都大学発行のジャーナル誌］の許可を得て掲載）

第4節　考　　察

4-1　本研究のまとめ

　本研究は，スケールエラー課題中の幼児の物体への関わりについて詳しく検討することと，注視時間の計測によりサイズ知覚の未熟さを検討した Grzyb et al.（2017）の結果を踏まえ，スケールエラーがサイズ変化に伴う物体サイズを検知する能力の未熟さが原因で生じるのかを検討することを目的とした。それを調べるために，幼児の物体探索にかけた接触時間を指標にし（Oakes et al., 1991），スケールエラー課題においてサイズが変化する前の通常サイズの物体への接触時間に比べて，ミニチュアサイズに変化した物体への接触時間の減少が見られるのかを検討した。スケールエラーを示さない幼児は示す幼児に比べて物体のサイズ変化を知覚しやすいことを明らかにした Grzyb et al.（2017）の結果をもとに，スケールエラーを示す幼児は，物体がミニチュアに変えられた時に，ミニチュアサイズの物体への接触時間が短くなる一方で，スケールエラーを示さない幼児は，接触時間の減少は見られないと予想した。しかし結果は，スケールエラーを示す幼児も示さない幼児も，ミニチュアサイズの物体との接触時間は，通常サイズの物体との接触時間よりも短いというものであった。また有意ではないが，スケールエラーを示す幼児は，示さない幼児に比べて，通常サイズからミニチュアサイズへの変化に伴う物体との接触時間の減少の程度が大きかった。補足の分析においては，スケールエラーを示す幼児と示さない幼児との間に，最初に接触した物体への潜時に差は示されなかったが，反応パターンにはスケールエラーとふりにおいて有意差が見られた。つまり，スケールエラーを示さない幼児が，示す幼児よりも，ふり遊びを多く示す結果となった。

4-2　本研究でわかったこと

　まず，スケールエラーを示す幼児と示さない幼児のいずれにおいても，通常サイズ時に比べて，ミニチュアサイズ時に物体との接触時間が減少した点を考察する。

　Grzyb et al.（2017）の研究においても，物体のサイズが通常サイズから非常

に大きなサイズに変化した際には，スケールエラーを示す幼児と示さない幼児とで，注視時間に差が示されたが，通常サイズから非常に小さなサイズに変化した際には，グループ間の注視時間において顕著な差は見られなかった。Grzyb et al.（2017）はこの結果の理由を物体の知覚的顕著性に求めており，小さな物体は大きな物体よりも顕著性が低いために，結果として大きな物体をより長く見るのではないのかと考察している。また，これは相対的なサイズに関する理解を調べた実験ではあるが，5-12か月の乳児はサイズが小さな物体よりも大きな物体に目を向ける傾向がある（Newman et al., 2001）。このように，幼児には元来，知覚的顕著性の高い物体に影響を受ける傾向があり，スケールエラー課題においても，スケールエラーを示す幼児も示さない幼児も，小さな物体へ目を向けにくい傾向があるために，ミニチュア時に接触時間が減少したと考えることは可能である。

　また，スケールエラーを示す幼児は，示さない幼児に比べ，通常サイズからミニチュアサイズの物体への変化に伴う接触時間の減少の程度が大きく見られた点を考察する。この結果は統計的な有意差が見られないため慎重に解釈する必要があるが，幼児のスケールエラーが，ミニチュアを通常サイズの物体とみなしているために生じると考えるのならば（DeLoache & Uttal, 2011），スケールエラーを示す幼児はサイズが変更されたことに気づかず，ミニチュアを新奇の物体であると認識していないため，スケールエラーを示さない幼児に比べて，接触時間の減少が見られたと考えられる。そのメカニズムは，次の通りである。乳児のサイズの弁別能力に関する先行研究によると，4.5か月の時点ですでに，物体サイズが，例えば大から小に変化したときに，その変化を弁別できることが注視時間の計測によって明らかにされている（Wilcox, 1999）。この手続きでは，同一サイズの物体を繰り返し提示し慣化させた直後，慣化刺激とは異なるサイズの物体を提示し，その際の乳児の注視時間を見るものであるが，スケールエラー課題においては，Wilcox が行った実験とは異なり，物体のサイズが変えられる前に，物体が存在しない短い時間が含まれている。この期間にサイズが変化したことを幼児が見落とすといったような，注意に関わる認知プロセスが関連している可能性がある。例えば，通常は容易に気づくような大きな知覚上の変化を見落とす変化盲という現象では，2つの刺激間の色，物

体の位置，または物体のサイズが大きく異なったとしても，どこにその注意を
向けるのかにより，それらの変化を検知できないことが検証されている
（Burmester & Wallis, 2011; Grimes, 1996; Simons & Rensink, 2005; Simons &
Levin, 1998; Rensink, O'Regan, & Clark, 1997）。こうした変化盲は成人だけで
はなく乳幼児においても見られる（Farzin, Rivera, & Whitney, 2011; Fletcher-
Watson, Collis, Findlay, & Leekam, 2009; Shore, Burack, Miller, Joseph, &
Enns, 2006）。これらの先行研究より，物体のサイズを変化させた際のサイズ
変化の見落とし等の知覚上のエラーが生じていることが，スケールエラーの生
成に影響している可能性がある。

　物体の知覚情報が行為の決定に重要であることは多くの先行研究において論
じられているが（Castiello et al., 1998; Hommel, 1994; Pavese & Buxbaum,
2002; Rizzolatti & Craighero, 2004），行為の決定においてはアフォーダンスが
与える知覚情報のみならず，保持された物体についての情報が影響を受ける
（Konkle & Oliva, 2011）。成人を対象とした物体表象に関する研究では，保持
された情報によりサイズ情報が決定されうることが示されている（Konkle &
Oliva, 2011）。幼児の物体への概念的理解がその行為に影響する可能性として，
DeLoache et al. (2004) は，ミニチュアサイズの物体を知覚した際に，通常サ
イズの物体及びその物体への行為についての表象が活性化し，それがスケール
エラーに関連しうることを指摘し，サイズ情報の統合の問題を挙げている。

　こうした知見からスケールエラーの原因については，活性化された物体表象
と実際の物体サイズについての情報の統合に失敗した結果であるという解釈が
ある（DeLoache et al., 2004; DeLoache & Uttal, 2011; Ware et al., 2006）。しか
しながら，本研究の結果を踏まえると，サイズが同じかどうかといったサイズ
情報を知覚上及び概念上で処理する能力の未熟さのみでは，スケールエラーの
原因を説明できないといえる。さらに Casler et al. (2011) もスケールエラー
はサイズ知覚のみの問題ではなく，幼児が物体に関わる際の，モノの機能に関
するバイアスが影響を与えると主張する。幼児は「1 つの道具に対して 1 つの
機能のみが割り当てられる」といった機能的固着の影響を受けやすいことを挙
げ（Casler, 2014），特に 24 か月の幼児は道具の機能的情報へのバイアスが強く
見られる時期でもあると述べている（Casler, 2004）。

　これに関連して，追加の分析において，スケールエラーを示さない幼児は，示す幼児よりも，ふり行動を有意に多く示した。あるモノを別のモノに置き換えるといったふり遊びができるようになるには，状況に応じて物体を別のモノとして扱うなど，モノについての機能を脱文脈的に使用する能力が求められる（Elder & Pederson, 1978）。スケールエラーの生成については，ミニチュアの物体が通常サイズの物体の一表象に過ぎないというシンボル理解によって抑制されるという説があり（Jiang & Rosengren, 2018），追加の分析の結果は，ふりによって表されるシンボル理解といった認知機能がスケールエラーに関連している可能性が考えられる。したがって，幼児のモノに関わる際の反応や遊び方を詳しく見ることで，従来見落とされていた新たな視点から，スケールエラーが生じる要因について明らかにできる可能性が考えられる。

　このように，研究3ではいずれの幼児もミニチュア時の接触時間が減少するという結果であり，さらに，研究1から3を通してみると，幼児自身が持つサイズを含む概念理解は関連していたものの，その他の物体の知覚が与える影響や，その物体に関わる際に必要となる行為の意図や計画がスケールエラー生成に強く影響を与えるとは言い難く，ふりに関わる要因など，従来注目されてこなかった要因が関わっている可能性が考えられる。本研究の結果を考えると，スケールエラーを示さない幼児はその物体に応じた，適切な関わりができるからこそ，ミニチュアに置き換えられても，ふり反応が多くなされたとの解釈も可能である。そこで研究4では，スケールエラー課題中の幼児の物体への反応パターンをさらに詳しく分類し，スケールエラーを示す幼児と示さない幼児とで特に物体への探索やふり遊び等，物体に関わる反応に違いがあるのかを比較し，スケールエラーの原因がふりによって表されるシンボル理解といった認知機能と関連する可能性を検討することとした。

第5章

子どもの遊びの発達

第1節　研究4　スケールエラーとふりに関わる能力との関係

1-1　問題と目的

　これまで行ってきた研究1から3の結果を通してみると，サイズを含む概念理解とスケールエラーが関連している可能性は示されたものの，その他の，サイズ知覚や抑制能力がスケールエラーの生成に与える影響は小さく，また研究3の補足分析においてスケールエラーを示さない幼児は，示す幼児よりも，ふり行動が有意に多く見られた。これらを踏まえると，スケールエラーにおいてはこれまで検討した要因以外の，ふりに関わる要因が影響を及ぼしている可能性が考えられた。

　研究4では，研究3の補足分析でも行ったスケールエラー課題中の，スケールエラーを示す幼児と示さない幼児の物体への反応パターンをさらに詳しく分類し，物体に関わる彼らまたは彼女らの反応の違いを比較し，スケールエラーの原因がふりによって表されるシンボル理解といった認知機能と関連する可能性を検討することとした。

　第1章でも述べたが，スケールエラーは，サイズ情報の知覚から適切な行為の産出に至るまでの過程においてエラーが生じているとされる（DeLoache et al., 2004）。それに従えば，スケールエラーが生じない状態とは，知覚したサイズ情報から適切な行為の産出を順調に行えることだといえるが，研究1から3の結果より，必ずしもこの過程のみでは説明しきれないことが示された。スケールエラーを示さない幼児がふり行動を多く産出したということは，物体の状況に応じて臨機応変に関われるからこそエラーを示さなかったという見方も可

能かもしれない。こうした振る舞いができるためには，その物体が何であるのかという認識が必須なうえ，物体への理解が促進されることで，モノに対する振る舞いが豊かになるという見方もある（Smith, 2013 他）。幼児は探索を通してまず物体を理解し，その後その物体を使って遊ぶなど，モノへの関わりを展開させていくようになる（Pellegrini & Hou, 2011）。このように幼児は探索によって物体の持つ特徴を認識し（Needham, 2000），探索から物体についての概念を学び（DeLoache et al., 1998），遊びにまで展開させていく。

　幼児の物体を理解する能力（物体認識）の発達と，遊びに関する研究は，主に Smith らによって多くなされてきた（例えば，Smith, 2013）。物体認識の発達は，モノの代用遊び等のふり遊びの出現と関連するという（Smith & Jones, 2011）。例えば Smith & Jones（2011）は幼児を対象に，幾何学的な形状の物体の理解を調べる課題と，モノの代用遊びに関する課題を幼児に実施した。物体についての理解を調べる課題は，カメラやアイスクリームなどの刺激を提示した後，実験者は各刺激の名前を尋ね（例えば「カメラはどこ？」），幼児が正解刺激を選択できるのかを調べるものであった。モノの代用遊びに関する課題は，例えば，人形，ブランケット，ブロックを用意し，「人形を眠らせる」というふりの課題を与えたときに，幼児はブロックをベッドに見立てて遊ぶことができるのかを調べるものであった。彼女らは，これらの課題の成績の間に中程度の相関があることを報告し，物体認識の発達がふりの理解を予測しうる可能性があると主張した（Smith & Jones, 2011）。

　状況に応じて物体を別のモノとして扱うなど，より柔軟な物体への振る舞いが行えるようになるために，物体への理解が必要であることを示唆する結果は他にもある（Smith, 2013）。物体への理解の促進により，バケツを帽子のように扱ったり，バナナを電話のように扱ったりなど，共通する抽象的な形から異なる物体を同じものとして扱うことができるようになるという（Smith, 2013）。第 1 章でも述べたが，物体への関わり方は，年齢とともに洗練されていく（McCarty, Clifton, & Collard, 1999; Sommerville & Woodward, 2005）。1 歳以降になると，語彙の理解や産出等の言語発達に伴い（Orr & Geva, 2015），幼児の遊びの質が大きく変化するとともに，ふり遊びが著しく見られるようになる（Power, 2000）。2 歳になると，幼児はぬいぐるみなどの非生物に生物とし

ての帰属をしたり，バナナを電話に見立てる等，あるモノを別のモノに見立てるような行為をするようになる（Carlson & Zelazo, 2008）。他者のふりの理解は2歳までに成立するとされ，例えば，幼児は大人が空のコップにお茶を注いだ際に，そのコップにあたかもお茶があるかのように，飲む真似をするようになる（Harris, Kavanaugh, Wellman, & Hickling, 1993）。2歳以降になると，ふりの行為に道具が必要なくなり，より抽象的な振る舞いであっても理解ができるようになっていくとされる（Gleason, Sebanc, & Hartup, 2000）。空想の友達という，目に見えない想像の友達の存在が見られるのもこの時期である（Taylor, 1999）。

　Lillard et al. (2013) はふりの成立には，ふりとなる対象についての知識及び心的表象の保持に加えて，現実の物体に適用する行為を抑制する必要があると述べている。例えば，バナナを電話に見立てる状況においては，バナナとしてそれを扱う行為を抑制し，電話として振る舞う必要があるという。これに関連して，Carlson, White, & Davis-Unger (2014) は，現実に起きた状況を抑制し，非現実的な状況を参照する必要がある点において，ふり遊びには抑制能力の発達が含まれるとし，実行機能に関わる能力の発達がふり遊び等に見られる現実とは異なる状況の理解を促進すると述べている（Carlson et al., 2014）。つまり，ふりを行うためには，その状況にそぐわない不適切な行為を抑え，状況に応じた振る舞いや関わりをする必要があるといえる。

　こうしたふりを行うには，あるモノを別のモノであると見立てるシンボル理解が関わっている。DeLoache によれば，シンボルとして用いられるそれ自体の物体と，それによって表される指示対象，これら2つの表象を理解することがシンボル理解には必要であるという（DeLoache, 2004; 2005）。シンボルを理解するには，あるモノが，同時に2つの意味を持つという二重表象を理解する必要があり（DeLoache, 2005 開訳 2005），その能力は2歳頃に劇的に発達するといわれている。

　Jiang & Rosengren (2018) は，ミニチュアの物体が，通常サイズの物体の一表象に過ぎないというシンボル理解によって，惹起された運動行動が抑制されるのではないかと述べ，シンボル理解の発達がスケールエラーの減少と関連している可能性を述べている。Jiang & Rosengren (2018) は，適切な大きさの

物体とミニチュアの物体への接触経験の多さがその物体への理解を促進させると述べ，探索を通して，物体認識の理解をはじめとする幼児の概念理解の発達が促されることで，より適切なモノの使用が可能になるのではないかと考察している。さらに Jiang & Rosengren（2018）は，スケールエラーの生成に個人差がある点に着目し，物体への接触経験がその物体の概念的理解を促進しうるため，シンボル理解等の認知能力の向上に伴い減少するのではないかと考察している。

　Rosengren et al.（2009）は，スケールエラーを示す幼児と示さない幼児とで物体への関わり方の違いを比較することは，スケールエラーのメカニズムを理解する手掛かりとなりうるだろうと考察している。では，スケールエラーを示す幼児の物体への関わり方には，どのような発達的変化が見られるのだろうか。He, Zhang, & Xu（2015）は，2 時点においてスケールエラー課題を実施し，そのときの幼児の反応を観察した。彼らの報告によれば，1 時点目にスケールエラーを示した幼児は，2 時点目である 11 か月後にスケールエラーを示さなくなり，かつ，物体のサイズへの発言（「小さい」等）及びふり遊びが頻繁に見られるようになったという。スケールエラーを示した幼児は，時間とともにスケールエラーを示さなくなるが，一方でふりやその他の様々な種類の遊びに従事する行為が多くなると He らは述べた。こうしたスケールエラーの頻度が減少する理由として，He et al.（2015）は，物体のサイズを幼児が認識し，物体に適した行動を選択できるようになったためではないかと述べている。

　しかしながら，筆者の知る限り，スケールエラー課題中に，スケールエラーを示す幼児と示さない幼児とで，物体への関わり方にどのような違いが観察されるのかについての検討は，これまでなされてこなかった。スケールエラーはふりなど，他の行動の選択に失敗した結果である可能性も先行研究で述べられることがあったことと（DeLoache et al., 2004; 2013），状況にそぐわない行為の抑制が求められるというふり遊びの知見とを併せて考慮すると，スケールエラーは，いわばふり等の適切な関わりの失敗を反映している現象といえるかもしれない。

　そうだとすれば，スケールエラーを示さない幼児は，スケールエラーを示す幼児に比べて，物体に関わる際に，ふり遊び等のその状況に適した行動を選択

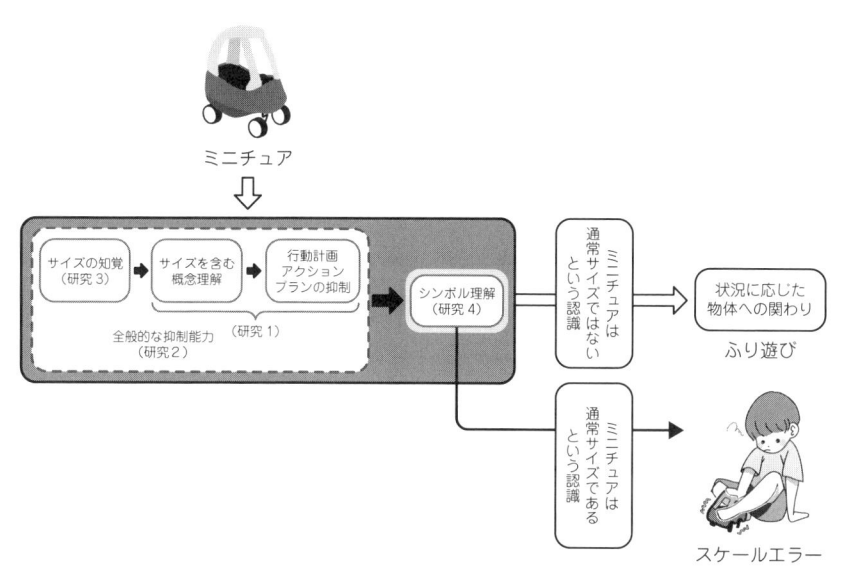

図5-1　研究4で検討した内容の概略図

しやすい可能性が考えられる。スケールエラーを示さない幼児は物体への認識に優れており，その物体に適した関わりができるため，ふり遊びのような関わり方が多いが，一方，スケールエラーを示す幼児は，不適切な行為を抑制できないばかりか，より適切な行為を産出できないためにふり遊びのような関わり方を示すことが少ないのかもしれない。この仮説を検証するため，研究4では，スケールエラー課題中のミニチュアの物体に関わる幼児の行動を調べることにより，スケールエラーを示す幼児と示さない幼児とで，物体への関わり方に違いが見られるのかを検討することにした（図5-1）。

　なお，本章の内容は，Ishibashi & Uehara（2020）及び Ishibashi & Uehara（2022）の内容を日本語化しまとめたものである。

第2節　方　　法

2-1　参　加　児

　75名の幼児であった（平均月齢 = 21.75 か月，SD = 4.93，女児 32 名，レンジ

＝ 15-35 か月）。月齢幅及び人数は先行研究をもとに決定された（DeLoache et al., 2004; Ware et al., 2006）。その他，11 名の幼児が実験に参加したが，課題への参加の拒否により除外された。調査への参加については，保育園や図書館などに配置されたチラシまたはメールで募集を行った。すべての参加児は東京またはその近郊に住んでいた。保護者には，口頭による同意と書面によるインフォームドコンセントの両方を求め，承諾いただいた。本研究はお茶の水女子大学人文社会科学研究倫理委員会（倫理番号 2016-1, 2017-109）によって承認された。

2-2　実験刺激
用いた刺激は研究 1 と同様である。

2-3　実験手続き
実験手続きは研究 1 と同様である。研究 1 でも使用したおもちゃ類を用いて実験を行った。通常のサイズの滑り台・机・椅子・絵本・車を，最初の約 5 分間，幼児に提示しそれらと関わらせ，その後，幼児と保護者を実験室から退出させた後，約 3 分待機させ，その間に 5 つの物体をすべてミニチュアに置き換え，通常サイズの物体があった場所と同じ場所にミニチュアを配置した。幼児がプレイスペースに足を踏み入れてから 5 分間課題は行われたが，実際の解析に用いたのは，プレイスペースに足を踏み入れてから最初の 3 分間とした。これは，5 名の幼児が，5 分間の観察時間内にプレイルームを出て遊ぶことをやめてしまったからである。

2-4　コーディング及び解析
スケールエラー課題中の幼児の行動は ELAN（バージョン 5.0）により行動の分類についての注釈がつけられた。このソフトウェアは，課題中の行動の時間及び回数をカウントすることができる（Tacchetti, 2012）。

(1)　スケールエラー課題
スケールエラー課題は研究 1 と同様であった。スケールエラー行動の評定

は，各試行ごとに実験者が評定を行った上で，実験全体のデータのうちランダ
ムに選択した 25％ を第三者が評定した。κ 係数は .74 であった。一致しなか
ったデータは協議によって解決された。

(2)　スケールエラー課題中の反応パターン

スケールエラー課題において，通常のサイズからミニチュアサイズへと物体
を変えた後の，幼児のミニチュアへの反応パターンを分類した。まず，最初に
幼児のスケールエラーを示したかを判断した。スケールエラー以外の行動につ
いては，以下の 4 つのカテゴリーのいずれかに分類していった。カテゴリー
は，DeLoache et al. (2013; Experiment 1) の先行研究のカテゴリーを修正し
たものを適用した。

DeLoache et al. (2013) は，幼児の反応を，「ふり（"Standard Pretense"）」
「ふりではない遊び（"non-pretense play"）」「その他」「反応なし」「言語的な拒
否」に分類している。DeLoache et al. (2013) のカテゴリーは，幼児のスケー
ルエラーが実験者の励ましによって影響を受けるのかどうかを検討するために
用いていたが，本研究の目的には合致しないため，本研究の目的に沿うように
カテゴリーを変更することとした。本研究では実験者の声掛けが重要な要素で
はなかったため，「反応なし」（実験者の声掛けの無視）は除外された。さらに，
幼児自身の「言語的な拒否」は言葉による拒否に限定せず，ミニチュアの物体
への関わりの拒否を含めた「拒否」に変更された。また「その他」は，ふりを
含まない探索とされていたが，行動パターンを明確にするため，本研究では
「接触（"Touching"）」とした。

最終的には，以下のカテゴリーが適用された。(1)「ふり（"standard pretense"）」：
DeLoache et al. (2013) の基準に従い，床の上に車を転がすような動作，滑り
台に指やおもちゃなどを滑らせるような動作を示した場合とした。(2)「ふり
ではない遊び（"non-pretense play"）」：DeLoache et al. (2013) の基準に従
い，例えば椅子の上に車を乗せたり滑り台を置いたりするような動作を示した
場合とした。(3)「接触（"touching"）」：幼児がミニチュア物体に触った場合
とした。(4)「拒否（"refusal"）」：ミニチュア物体に関わろうとしない場合と
した。例えば，幼児が実験スペースから出て，実験スペース外にある遊び場に

向かう場合や，ミニチュアの物体を指さすだけで，何も行動を示さない場合であった。

　ビデオ録画の約20％が，第三者と実験者の両方によって評定された。一致率は非常に高いものであった（κ = 1.00）。残りのデータは実験者によって評定された。

　分析では，スケールエラーありグループとスケールエラーなしグループ間でスケールエラー行動以外の各行動カテゴリーの比率を比較するために，4種類の反応パターンの割合を比較した。その割合は，各反応パターンの時間を総セッション時間（3分）で割ることで算出された。その際に，スケールエラーありグループにおいては，スケールエラーを示した反応時間を差し引いたうえで，反応パターンの比率が算出された。

　また，プレイルームに足を踏み入れてから最初に物体に関わるまでの時間（潜時）も計測し，両グループ間で比較された。

第3節　結　　果

3-1　記述統計の結果

　75名のうち34名がスケールエラーを示した。全参加児におけるスケールエラーの平均回数は1.00であった（SD = 1.39）。スケールエラーを示した児の平均回数は2.21（SD =1.25）であった。スケールエラーの数に有意な性差はなく（女児：M = 1.31, SD = 1.67；男児：M = 0.77, SD = 1.09; t (49.9) = − 1.61, p = .11, d = 0.40），また，月齢とスケールエラーの数との間に有意な相関は見られなかった（r = 0.01, p = .96）。

　34名の幼児はスケールエラーありグループに分類され，残りの42名の幼児はスケールエラーなしグループに分類された。2つのグループ間で月齢に有意な差は見られなかった（スケールエラーあり：M age = 21.44, SD = 4.55; スケールエラーなし：M age = 22.02, SD = 5.27; t (73) = 0.49, p = .63, d = 0.11）。また2グループ間には性差も見られなかった（χ^2 (1) = 0.49, p = .64）。したがって，月齢及び性別の違いは考慮せずに分析を行った。

表5-1　スケールエラーを示している行動を差し引いた際の，スケールエラー課題中の各行動カテゴリーの比率

幼児の行動	スケールエラーあり （$N = 34$）		スケールエラーなし （$N = 41$）	
	平均値	SD	平均値	SD
ふり	.21	.2	.35	.24
ふりではない遊び	.04	.07	.05	.09
接触	.31	.18	.35	.22
拒否	.1	.18	.03	.08

注：Ishibashi & Uehara（2020; 2022）を翻訳し一部改訂（掲載先の *Frontiers in Psychology* の許可を得て掲載）

3-2　スケールエラーありとなしグループの反応パターンの差

表5-1に，グループ間の4つの反応パターンの比率を示した。

スケールエラーありとなしのグループ間において，反応パターンの比率が異なるのか検討するために t 検定を行った。その結果，スケールエラーありグループが「ふり」を行う比率が有意に高いことが明らかになった（t (74) = 2.82, p = .01, d = 0.65）。グループ間で「ふりではない遊び」及び「接触」の比率に有意差は見られなかった（ふりではない遊び：t (73) = 0.54, p = .59, d = 0.13, 接触：t (73) = 0.89, p = .38, d = 0.21）。また，2つのグループ間で「拒否」の比率差は有意傾向であり，スケールエラーありグループがスケールエラーなしグループよりもミニチュアと関わることを拒否する可能性が高い傾向が示された（拒否：t (44.11) = -1.88, p = .07, d = 0.47）。なお，2つのグループ間で潜時に有意差は見られなかった（スケールエラーあり：M = 7.86, SD = 7.43; スケールエラーなし：M = 9.28, SD = 14.98; t (73) = 0.50, p = .62, d = 0.12）。

3-3　スケールエラーの数と反応パターンの関係

スケールエラーの数がミニチュアへの幼児の反応パターンによって説明できるのかを検討するために，スケールエラーの数を従属変数，各反応パターン（ふり，ふりではない遊び，探索，拒否）を示した比率を独立変数とした重回帰分析を行った。4つの独立変数それぞれのVIFは4未満であり（O'Brien, 2007），かつ，変数間の相関係数のすべての絶対値（| r |）は0.5未満（Dormann et al., 2013）であり，多重共線性のリスクはほとんど見られないと判断できた

表 5-2　各変数間の相関係数

独立変数	ふり	ふりではない遊び	接触	拒否
ふり		.05	-.39***	-.40***
ふりではない遊び			-.04	-.05
接触				-.22*

注：$N = 76$, *$p < .05$, ***$p < .001$.
　　Ishibashi & Uehara（2022）を翻訳し一部改訂（掲載先の *Frontiers in Psychology* の許可を得
　　て掲載）

表 5-3　重回帰分析における各変数の係数及び VIF

Effect	B	SE	β	t	p	VIF
切片	3.32	0.54		6.16	< .001	
ふり	-3.66	0.79	-0.623	-4.64	< .001	1.88
ふりではない遊び	-3.09	1.74	-0.175	-1.77	.08	1.01
接触	-3.32	0.88	-0.481	-3.80	< .001	1.67
拒否	-0.86	1.25	-0.086	-0.69	.49	1.62

注：$N = 76$
　　Ishibashi & Uehara（2020; 2022）を翻訳し一部改訂（掲載先の *Frontiers in Psychology* の許可
　　を得て掲載）。

（表 5-2 及び表 5-3）。解析の結果，この回帰モデルでは，分散の 33.0％が説明さ
れた（$F_{(4, 70)} = 8.49$, $p < .001$, adj. $R^2 = .29$）。モデル係数の概要を表 5-3 に
示した。表 5-3 では，「ふり」と「接触」の比率がスケールエラーの数を有意に
説明する変数であることが示された。これらの変数の有意な負の値は，「ふり」
と「接触」の時間が長いほど，スケールエラーの数が少ない可能性を示唆する
ものであった。

3-4　補足分析　スケールエラーの数と反応パターンの関係

　ミニチュアに関わる際に，1 番目，2 番目，3 番目とそれぞれどのような関わ
りを示したのか，物体への時系列的な反応パターンを表 5-4 に示した。また，
スケールエラーあり児及びなし児においてどのような反応パターンの偏りが見
られるのかを確認するため，カイ二乗検定を行ったところ，「スケールエラー」
と「ふり」において有意差が見られた（$\chi^2{(15)} = 46.63$, $p = 0.00$, $\phi = 0.46$）。
つまり，スケールエラーあり児においては，スケールエラーは 2 番目及び 3 番

表 5-4　ミニチュアに関わる際の時系列的な反応パターン

| | スケールエラーあり (N = 34) | | | スケールエラーなし (N = 41) | | |
	1番目	2番目	3番目	1番目	2番目	3番目
ふり	7	5 †	10	18*	12	12
接触	23	18	13*	23	26	26
スケール エラー	4	9**	9**	0*	0*	0*
その他	0	2	2	0	3	3
合計	34	34	34	41	42	41

注：その他はふりではない遊び，拒否，またそれ以外の応答を含む。残差分析：$^\dagger p < .1, ^* p < .05, ^{**} p < .01.$
Ishibashi & Uehara（2020; 2022）を翻訳し一部改訂（掲載先の *Frontiers in Psychology* の許可を得て掲載）

目にスケールエラーをより多く示し，また，スケールエラーなし児においては，1番目にふりをより多く示すことが明らかになった。

第4節　考　　察

4-1　本研究のまとめ

　研究4の目的は，スケールエラー課題中のミニチュアの物体に関わる幼児の行動を調べ，スケールエラーを示す幼児と示さない幼児とで，物体への関わり方に違いが見られるのかを調べることであった。スケールエラーが認識及び認識に基づく行為の未熟さにおいて生じるとするならば，スケールエラーを示す幼児ほど，ふりの関わりが少ないことが予想された。分析においては，スケールエラー課題中のスケールエラーの持続時間を除く幼児のミニチュアの物体への反応パターンを分類し，スケールエラーを示す幼児と示さない幼児，及びスケールエラーの数とで，物体への反応パターンの比率に違いが見られるのかを検討した。

　結果としては，スケールエラーを示さない幼児は，スケールエラーを示す幼児よりもふりを示す時間が長い傾向にあることが示された。これは，スケールエラーの数においても同様であり，ふりを示す時間が長いとスケールエラーの数は少なくなる傾向にあることが示された。また，物体への接触時間が長い

と，スケールエラーの数が少なくなる傾向と，スケールエラーを示す幼児にお
いて，示さない幼児よりもミニチュアで遊ぶことを拒否する傾向が示された。
補足の分析においては，スケールエラーを示す幼児が，ミニチュアに接したば
かりの1番目ではなく，少し時間が経ってからの2番目，3番目の行動として
スケールエラーをより多く示すこと，一方，スケールエラーを示さない幼児は
ミニチュアに接してすぐの1番目にふりをより多く示すことが明らかになった。

4-2　本研究からわかったこと

まず，スケールエラーとふり遊びとの間に見られた関連性について考察す
る。仮説の通り，スケールエラーを示さない幼児は，サイズがミニチュアにな
ったときにふり遊びに従事する時間が長く，スケールエラーを示す幼児は，ふ
り遊びに従事する時間が短いことが示された。スケールエラーは幼児が通常サ
イズの物体表象の抑制に失敗し，適切な行為を選択することに失敗した結果で
ある可能性が先行研究において述べられ，従来はサイズの変化に伴うアクショ
ンプランに関わる視点からの説明が主になされていた（DeLoache et al., 2004;
2013）。しかし，ミニチュアに置き換わってすぐの1番目の行動でスケールエ
ラーが顕著に多いわけではないことから，単に物体のサイズ表象の抑制に失敗
することがスケールエラーの原因とは言い切れない可能性がみえてきた。従来
主に支持されてきた DeLoache らの見解とは異なる視点から本結果を考察して
みたい。

Jiang & Rosengren（2018）は，ミニチュアの物体が，通常サイズの物体の一
表象に過ぎないというシンボル理解によって，惹起された運動行動が抑制され
ると述べ，シンボル理解の発達がスケールエラーの減少と関連している可能性
も挙げている。物体を用いたふりを行うには，その状況にそぐわない不適切な
行為を抑え，状況に応じた振る舞いや関わりをする必要があるとされる
（Carlson et al., 2014; Lillard et al., 2013）。井上（2011）は2歳頃の幼児は習慣
的な物体の使用に忠実であることを挙げ，Elder & Pederson（1978）は，多く
の幼児は，ふりの行為をするように求めたとしても，物体を置き換える行為は
せずに，物体の実際の機能に基づいた行為を行う傾向があり，幼児期には機能
を脱文脈的に使用することが難しいことを挙げている。先行研究の知見を踏ま

えると，ふり遊びは，物体に適した関わりができることの反映であり，この解釈に従うと，スケールエラーを示さない幼児は，そのサイズに応じた関わりとしてふり遊び等別の遊びを行う。しかも，ふり遊び時の幼児は通常，「楽しい」といったプレイフルな様子を示すのに対し（Lillard et al., 2013），スケールエラー産出時には，泣きや怒りなどのネガティブな情動反応を示すという（Ware et al., 2010）。これらのことから，スケールエラーを示す幼児は，ミニチュアに入れ替わったときに，シンボル理解や概念の発達が十分ではなく，適切な行動がすぐに思い浮かばず，通常サイズの物体に適用していた行為を仕方なくミニチュアに適用してしまっているという結果が示された可能性がある。

　この結果は，スケールエラーが認識及び適切な行為に至るまでの過程で生じるエラーであるとするならば，物体認識に優れている幼児ほどモノを代用するようなふり遊びが見られることを明らかにしたSmith & Jones（2011）の結果と関連するといえる。スケールエラーを示さない幼児が物体への認識に優れているか否かは，Smith & Jones（2011）が実施したような物体認識の理解を調べる課題等で直接にその関連性を検討していないため仮説の域を出ないが，少なくともスケールエラーを示さない幼児は，示す幼児よりもふり遊びのような状況に即したモノの関わりを示すことができるといえる。

　次に，スケールエラーの数と接触に関わる時間との間に見られた関連性について考察する。スケールエラーの数が多いほど，物体への接触が少ないという結果も，ミニチュアへの適切な反応ができずに躊躇していることを反映しているのかもしれない。Jiang & Rosengren（2018）は，物体への接触経験の多さがその物体への理解を促進させると述べ，探索を通して，概念理解の発達が促されることで，より適切なモノの使用が可能になると述べた。こうしたことから，接触の頻度の多さとスケールエラーは関連があるのかもしれない。ただし，スケールエラーを示す幼児と示さない幼児との間で，その違いは有意差としては見られなかった。本研究の結果は接触時間を指標としたが，今後の研究では観察時間を長くし，今後は通常サイズからミニチュアサイズへと物体が変化したときの接触頻度や接触時間の差，時間経過に伴うミニチュアサイズへの物体に対する反応の変遷を詳しく見ていく必要がある。また，発達の個人差を明らかにするには，縦断的にその接触時間の頻度がどのように変わっていくの

かを検討していく必要がある。

　次に，スケールエラーと拒否に関わる時間との間に見られた関連性について考察する。スケールエラーを示さない幼児が物体を拒否しにくいことは，ミニチュアに変わったとしても迷うことなく物体に何らかの関わりを示していたことを表している。スケールエラーを示す幼児が物体への関わりを拒否する理由に関しては，2歳頃の幼児に見られる物体を見た際にその物体の機能的情報が自動的に誘発される teleo-functional バイアスや（Casler et al., 2011），1つの物体には1つの機能のみが適用しうると考える機能的固着が関連する可能性がある。ふり遊びの成立には，物体が文脈を超えた別の意味を持ちうるという理解に基づいていることを考慮すると，スケールエラーのない幼児よりも，スケールエラーを示す幼児の物体への関わりを拒否することは「機能的固着」に関連している可能性があると考えられる。この解釈は，「ふり」や「接触」の時間が短いほど，スケールエラーの数が多いという重回帰分析の結果も同様に説明できるだろう。

　最後にスケールエラーとふりではない遊びとの関連性が示されなかった結果について述べる。スケールエラーが，習慣的な物体の使用に忠実であり（井上，2011），状況に応じて物体を別のモノとして扱うなど，より柔軟な物体への振る舞いや（Elder & Pederson, 1978），機能と形態が類似しているものを別のモノとして扱うような振る舞いが難しいために生じるのであれば（Rakoczy & Tomasello, 2006），ふり遊びとスケールエラーは負の方向に強く関連するが，ふり以外の遊びとスケールエラーとの間について関連は示されなかった可能性がある。このように，スケールエラーは，状況に即した適切な関わりができず，ふりを示す時間の短さや拒否といった行動を示しやすいのかもしれない。また，全体の観察時間が短いこと，同じものがミニチュアに変わったことで「ふり遊び」が誘発されやすい課題であったことも関係しているかもしれない。

　研究1から3で得られた結果からは，スケールエラーの生成には，物体の知覚が与える影響や，その物体に関わる際に必要となる抑制能力が影響を与えることが確認されなかった。その代わり，研究1により，保護者によって判定された回答ではあるが，幼児自身が持つサイズを含む概念理解が関連している可能性と，研究3の補足分析及び研究4の結果により，ふりに関わる能力が関連

している可能性が示された。ふりの成立には，ふりとなる対象についての知識及び心的表象を保持する必要がある（Lillard, 2001）。また，物体の置き換えについては，機能と形態が類似しているものを物体の代用として用い（Rakoczy & Tomasello, 2006），次第に形態と機能を同時に脱文脈化できるようになることで想像上のふりができるようになる（Elder & Pederson, 1978）。これらの知見を考慮すると，スケールエラーを示す幼児と示さない幼児との違いは，ふり遊び等，その物体に応じた，適切な関わりや機能を脱文脈的に使用したり，機能または形態のいずれかが異なるもので物体の代用ができるといった，脱文脈的な自由な思考ができるようになることを反映している可能性がある。さらなる検証のため，スケールエラーとシンボル理解との関連を調べる必要があり，この点は今後の課題としたい。

第**6**章

子どもが遊びに至るまで

第1節　本研究のまとめ

　本研究では，幼児期に見られるスケールエラー現象の解明を通して，幼児期の物体認識及びその行為の発達過程に関する新たな知見を提供することを大きな目的とし，スケールエラーのメカニズムに関連すると考えられる要因について実験に基づき検討を試みた。

　第1章では，霊長類の認識や行為に関わる視覚処理に関与する腹側経路と背側経路の処理についての認知及び脳内メカニズムの働きについて概説した。また，腹側及び背側経路に関わる乳幼児期の発達的知見を整理した。しかし，乳幼児の腹側及び背側経路に関する知見では，それらの経路に関わる情報処理能力について，物体情報の保持及び符号化の観点に限定された説明がなされており，探索を伴う物体への関わりを含めた情報処理の統合については不明であった。幼児期のスケールエラー現象は，認識に基づいた物体への振る舞いをする際に必要とされる情報統合の未熟さを反映した現象であるとされており，物体への行為の実行に至るまでの，知覚，概念，運動計画及び運動操作に関わる様々な認知能力の関与があるとされてきた。幼児期のそれらの発達には時間的な差があり，幼児期のスケールエラー現象を調べることで，物体認識及びその認識に基づく行為の組織化に必要な情報処理の統合がいかになされうるのかについての示唆を得られると考えた。

　スケールエラーはサイズ情報の統合の失敗，すなわち眼前のミニチュア物体についてのサイズ情報と，活性化された物体表象についてのサイズ情報を統合することができないために生成される現象だといわれてきた（DeLoache &

Uttal, 2011)。また DeLoache et al.（2004）は，上記の解釈に加えて，行為の計画及び身体的制御のいずれにも関わるとされるのが抑制能力であると論じ，抑制能力の発達が，物体の認識と行為を行う際の視覚情報の統合を促しうる要因の1つであると述べた。幼児のスケールエラーの原因として，これまで，サイズ変化を検知する能力の未熟さ（Grzyb et al., 2017），自身のサイズ理解に関する未熟さ（Brownell et al., 2007），物体の機能または意味情報の過剰な活性化（Casler et al., 2011; Grzyb et al., 2019），シンボル理解の未熟さ（Jiang & Rosengren, 2018）が挙げられてきた。

　このように認知能力のいずれかの未熟さがスケールエラーの生成に関連しているとされてきたが，それぞれの研究者が異なる立場からスケールエラーの原因を説明しているため，複眼的な視点でスケールエラーの発達機序の説明が試みられてこなかったという背景がある。そこで本研究では，物体認識及び認識に基づく行為が決定されるまでの過程において関連しうる，物体への概念的理解（サイズを含む概念理解）の未熟さ及び運動計画に関する認知機能の未熟さ（研究1），全般的な抑制能力を反映する前頭葉の未熟さ（研究2）によって生じる可能性について，最初に検証した。さらには，スケールエラー課題中の幼児の物体への関わりから，物体サイズを検知して適切に関わる能力の未熟さ（研究3），ふりなどのシンボル理解に関わる能力の未熟さ（研究4）が関与する可能性を検討した。

　具体的には，研究1では，スケールエラーがサイズを含む概念理解の未熟さ，または不適切なアクションプランの選択及び抑制の未熟さに起因するのかを検討した。その結果，スケールエラーの生起が多いほど，サイズを含む概念理解に関わる得点が有意に低いことが示された。しかし，スケールエラーの生起と，不適切なアクションプランの選択及び抑制を調べる課題の成績との間に関連は示されなかった。したがって，スケールエラーの原因は，通常サイズとミニチュアサイズの物体が同じか異なるかという物体への概念的理解（サイズを含む概念理解）が未熟なために生じている可能性が示唆された。しかし，研究1におけるサイズを含む概念理解とスケールエラーとの関連性は，保護者による質問紙から得られた結果が示されたに過ぎず，また，DeLoache et al.（2004）が述べた抑制制御の中でも「活性化されたアクションプランの抑制」には関連

が示されなかった。

　そこで研究2では，より全般的な抑制能力に着目するとともに，それらの能力が，スケールエラーが生じている時に直接関係しているのかを検討するため，スケールエラーを生成している際のサイズ変化に伴う幼児の物体処理における抑制能力を問う課題により，その際の脳活動を調べることとした。測定する脳部位として，より広い意味での抑制能力を反映しやすいとされる，前頭葉に焦点をあて，スケールエラーを示す幼児と示さない幼児の抑制課題従事中の前頭前野の活動を調べた。

　その結果，スケールエラーを示す幼児と示さない幼児の両者で，道具のサイズに適した装置で遊んでいる状況よりも，道具のサイズに適さない装置で遊ぶというスケールエラー課題に従事している状況において，有意な前頭前野の活動が示された。また，グループごとにその活動を調べてみると，スケールエラーを示さない幼児でスケールエラー課題時の右背外側前頭前野（right DLPFC）の有意な活動が認められた。一方でスケールエラーを示す幼児においては有意な活動は認められなかった。

　スケールエラーを示さない幼児の前頭葉の一部が有意に活動したという結果から，スケールエラーは抑制能力の未熟さと関連がある可能性が示された。しかしこの結果はスケールエラーなし児の前頭前野の一部で見られた活動差であり，スケールエラーを示した幼児と示さなかった幼児の間での有意な活動の違いが認められなかった点や，研究1の結果を踏まえても，サイズ変化に伴う物体処理において求められる抑制能力がスケールエラーに強く関連しているとは言い難いものであった。

　以上のように研究1及び2では，スケールエラーの原因を調べるために，保護者への質問紙及び幼児への認知課題との関連性の検討や道具を用いた際の幼児の物体処理における脳活動との関連性を検討してきた。しかし，スケールエラー課題に従事している際の幼児が，実際にどのように物体に関わっているのかを調べたわけではないため，研究3及び4では，スケールエラーに見られる幼児の行動的特徴や反応を，スケールエラー課題従事中の幼児の行動から詳しく見ることにした。これにより，スケールエラーが生じる背景要因や行動メカニズムの解明につながる手掛かりが得られるのではないかと思われ，検討する

こととした。

　研究 3 では，スケールエラー課題中に，幼児が物体のサイズをどう知覚しているのか，幼児の物体への関わりについて詳しく見ることで，スケールエラーがサイズ変化に伴う物体サイズを検知する能力，特に非常に小さいサイズへの変化を検知する能力の未熟さから生じているかどうかを検討することとした。そこで，スケールエラーを示す幼児と示さない幼児において，物体のサイズ変化に向ける注意が異なるのかを，物体のサイズが通常サイズからミニチュアサイズに変化したときの幼児の物体への関わりに注目し，検証した。

　スケールエラーを示さない幼児は示す幼児に比べて，物体に向けた注意が増加することが予想されたが，結果は，スケールエラーを示す幼児も示さない幼児も，サイズが変化した後の接触時間が減少することが示された。統計的な有意差は示されなかったが，サイズがミニチュアから通常サイズに変化したときの差は，スケールエラーを示す幼児よりもスケールエラーを示さない幼児において見られた。この結果は慎重に解釈する必要があるが，スケールエラーを示す幼児は，ミニチュア物体に対し，通常サイズの物体であると知覚しやすく，物体サイズが変化したことを見落としやすい可能性が考察された。

　しかし，研究 3 の結果では，いずれの幼児も接触時間が減少するという結果であり，研究 1 から 3 を通してみると，サイズ認識がスケールエラー生成の決定的な要因ではない可能性が考えられた。補足で新たに行った分析により，物体が通常サイズからミニチュアサイズへと変えられた際に幼児が最初に示した反応を分類したところ，スケールエラーを示さない幼児は，示す幼児よりも，ふり行動が有意に多く見られた。これらの結果を踏まえると，スケールエラーにおいてはこれまで検討した要因以外の，ふりに関わる要因が影響を及ぼしている可能性が考えられた。

　研究 4 では，研究 3 の補足分析でも行ったスケールエラー課題中の物体への反応パターンをさらに詳しく分類し，物体に関わる幼児の反応の違いを詳しく見ることで，スケールエラーを示す幼児と示さない幼児とで物体に関わる反応にいかなる違いがあるのかを比較検討することにした。その結果，スケールエラーを示す幼児は，示さない幼児と比べてふりに従事する時間及び物体を探索する時間が短いことと，物体への関わりを拒否しやすいことが明らかになっ

た。スケールエラーを示す幼児と示さない幼児は，物体への関わり方が異なっており，特にスケールエラーを示さない幼児は，ふり遊びを示しやすく，物体への関わりを拒否しにくいといえる。一方で，スケールエラーを示す幼児は，物体への関わりを拒否しやすく，ふり遊びに関わる時間が短いという結果であった。

　こうした行動上の違いが生じるのは，スケールエラーを示す幼児は，物体がミニチュアサイズに変わったときに，すぐに適切な遊びを適用できないためだと考えられる。スケールエラーの数と反応パターンの関係を調べた補足分析の結果を見ると，スケールエラーあり児においては，2 番目及び 3 番目にスケールエラーをより多く示し，また，スケールエラーなし児においては，1 番目にふりをより多く示すことが明らかになった。スケールエラーの原因については，幼児が通常サイズの物体表象の抑制に失敗し，適切な行為を選択することに失敗した結果である可能性といった，従来はサイズの変化に伴うアクションプランに関わる視点からの説明が主になされていた（DeLoache et al., 2004; 2013）。しかし，ミニチュアに置き換わってすぐの 1 番目の行動でスケールエラーが顕著に多いわけではないことから，通常サイズからミニチュアサイズに変わったばかりで，通常の物体サイズの表象を抑制しきれないことがスケールエラーの原因とは言い切れない可能性が示された。

　幼児期の物体認識の発達はふり遊びとの高い関連が示されており（Lillard et al., 2011），物体を認識する能力が高いほど，その物体への関わり方は多様になると考えられる。物体認識とふりの関わりの間に関連があるならば，サイズを含む概念理解の発達と，ふりに関わる能力の発達のいずれも，スケールエラーと関連する可能性がある。研究 1 では，保護者による質問紙から得られた結果ではあるが，スケールエラーの生起が多いほどサイズを含む概念理解の得点が低いという結果が得られており，弱いながらも，サイズを含む概念理解がスケールエラーを抑制しうる要因の 1 つといえる。研究 4 の結果においても，スケールエラーを示す幼児は，状況に応じた物体への関わりが少なく，物体への関わりの拒否を示しやすいが，スケールエラーを示さない幼児は物体への認識に優れており，その物体に応じた関わりができるといえる。これらの結果から，幼児の物体への関わりに違いが生じる背景には，サイズを含む概念理解の発達

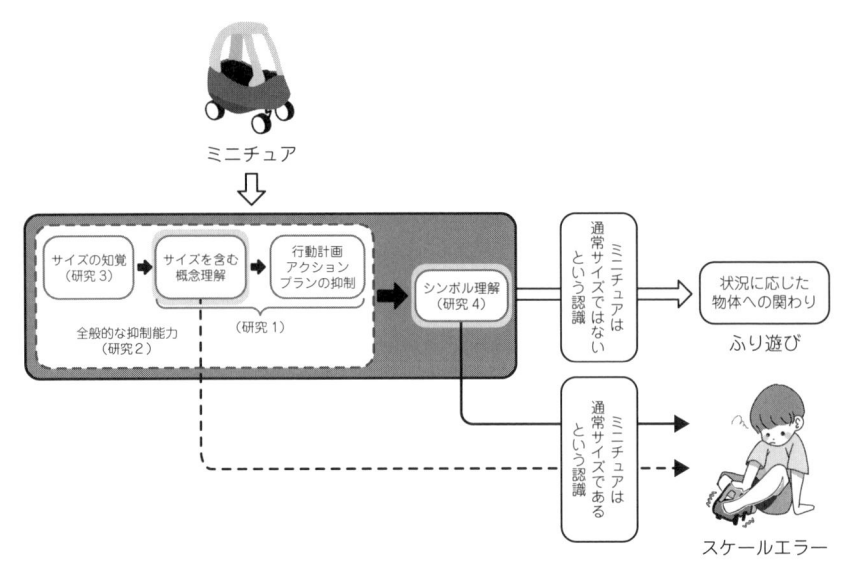

図6-1　スケールエラーが生じる原因についての概略図

と，ふり遊び等物体の表象理解に関わる認知能力が関連している可能性が示唆されたといえる。

　上記の知見から，図6-1にスケールエラーが生じる原因に関連しうる要因を示した。

　図6-1に基づき，1から4の研究から得られた知見をまとめると，スケールエラーの生起メカニズムとして，物体認識及び認識に基づく行為が決定されるまでの過程において，物体の知覚に与える影響やその物体に関わる際に必要となる行為の計画，抑制能力が必ずしも決定的要因となっているとは言い難い。幼児自身が持つサイズを含む概念理解の発達が弱いながらも関連し，ふり遊び等のその物体に適した関わりや機能を脱文脈的に使用したり，機能または形態のいずれかの異なるもので物体の代用ができるといった脱文脈化ができるような能力が，強く関連している可能性が考えられる。

第2節　本研究で得られた結果についての考察

　本研究で得られた結果をさらに考察していくこととする。DeLoache et al. (2004) は，スケールエラーの原因は，サイズ情報の統合の失敗であり，眼前のミニチュア物体についてのサイズ情報と，活性化された物体表象についてのサイズ情報を統合することができないために生成される現象だと述べた。またDeLoache らは，上記の解釈に加えて，行為の計画及び身体的制御のいずれにも関わるとされるのが抑制能力であると論じ，抑制能力の発達が，物体の認識と行為を行う際の視覚情報の統合を促しうる要因の1つであると述べている (DeLoache et al., 2004)。

　具体的なスケールエラーの原因としては，DeLoache & Uttal (2011) によれば，スケールエラーはミニチュアを通常サイズの物体と見なしているために生じるとされた。また DeLoache et al. (2004) は，スケールエラーの生成について，ある物体を同定するが，小さい，関われない等，サイズに関する情報が物体表象に含まれておらず，活性化された物体表象と実際の物体サイズについての情報の統合に失敗した結果であると述べてきた (DeLoache et al., 2004; DeLoache & Uttal, 2011; Ware et al., 2006)。本研究においても，幼児のサイズ情報の変化について，研究1では保護者への質問紙によるサイズを含む概念理解を測った結果から，研究3ではスケールエラー課題中の幼児のサイズがミニチュアに置き換わった後の反応から検討した。しかしながら，研究1では，幼児が実際に示した行動指標ではなかったことと，研究3では，幼児の実際の反応から，サイズ情報を検知する能力との関連が必ずしも強くは示されなかったことを踏まえると，単純なサイズの大小に関わる情報を判断する能力の未熟さが強く関連するとはいえない結果であった。

　また，研究1においては DeLoache et al. (2004) が述べた抑制制御の中でも「活性化されたアクションプランの抑制」には関連が示されなかったことや，研究2において，前頭葉の活動に代表されるような，より一般的な「抑制能力の未熟さ」についての関連も示されなかった。さらには，研究4の補足分析では，ミニチュアに置き換わってすぐの1番目の行動でスケールエラーが顕著に多いわけではなく，単に物体のサイズ表象の抑制の失敗という点も，スケールエラ

ーの決定的要因とはいえない結果であった。

　これまで述べられてきたスケールエラーの原因に関する説，及び上記の結果を踏まえたうえで，研究４から得られた，スケールエラーを示す幼児と示さない幼児との物体への関わりが異なるという結果を考慮すると，従来主に支持されてきた DeLoache らの見解とは異なる視点からスケールエラーを説明できる可能性が見えてきた。

　つまり，幼児が，物体に応じた適切な関わりや，機能を脱文脈的に使用する，機能または形態のいずれかの異なるもので物体の代用ができるといった脱文脈化ができるようになること，すなわち，ふりに関わる行為を柔軟に行えることが，スケールエラーを示さないことと関連している可能性が考えられるのである。

　第１章でも述べたが，９か月の乳児がカラー写真に描かれた物体をまるで現実のものであるかのような振る舞いを示したり（DeLoache et al., 1998），スケールモデル課題において，実際の部屋とそれを模したミニチュアサイズの部屋を対応付けることができない背景要因として，シンボル理解が未熟なことが考えられている（DeLoache, 2004）。シンボル理解には，シンボルとして用いられる物体そのものについての表象と，それによって表される指示対象というシンボルにおける二重の性質を理解できていることが必要であるという（DeLoache, 2004; 2005）。DeLoache は，実際のモノとその写真を並べた際には，乳児は実際のモノを選ぶことができるという。彼女は，こうしたエラーは，写真に描かれているものを本物であると間違えるという知覚上の混乱によって生じるわけではなく，シンボル理解の未熟さによるものであるという。

　この点を考慮すると，スケールエラーを示す幼児は，ミニチュアに入れ替わったときに，サイズを含む概念理解の発達やシンボル理解が十分ではなく，適切な行動がすぐに思い浮かばず，通常サイズに適用していた行為を仕方なくミニチュアの物体に適用してしまっているという可能性がある。スケールエラー現象は，サイズの知覚上の誤認識及び衝動的な行為を抑えることの失敗といった情報処理の未熟さにより生起するのではなく，モノの扱いとその使用に関わる，サイズを含む物体の概念理解の未熟さ及びシンボル理解の未熟さがより強く影響している可能性がある。

さらに考察を進める。Jiang & Rosengren（2018）は，ミニチュアの物体が，通常サイズの物体の一表象に過ぎないというシンボル理解の発達により，惹起された不適切な行為を抑制できると述べ，シンボル理解の発達がスケールエラーの減少と関連している可能性を述べている。Jiang & Rosengren（2018）は，スケールエラー生成の個人差にも着目しており，通常サイズの物体とミニチュアの物体への接触経験の多さがその物体への理解を促進させると述べ，探索を通して，概念理解の発達が促されることで，スケールエラー生成が抑制される可能性があると述べている。多様な遊びができるようになっていく背景には，物体の実際の機能に基づいた行為ではなく，物体を脱文脈的に使用することや（Elder & Pederson, 1978），状況にそぐわない行為を抑え，状況に応じた振る舞いや関わりをする必要があるという（Carlson et al., 2014; Lillard et al., 2013）。2歳頃の幼児は習慣的な物体の使用に忠実であるがゆえに（井上，2011），物体の実際の機能に基づいた行為を行いやすい。モノを別のモノとして扱えるようになるには物体についての認識（理解）が密接に関係しており（Smith & Jones, 2011），ふり遊びなどの遊びは，認識及び認識に基づく行為が適切に行えることの反映であると考えられる。

　これらの先行する知見と，研究1でサイズを含む概念理解の発達がスケールエラーの生成を抑制しうる可能性が弱いながらに示されたことを鑑みると，サイズを含む物体についての概念理解の発達があり，その先に，モノを別のモノとして扱えるようになるといったシンボル理解の発達があるのではないだろうか。幼児の遊びを含めた物体への関わりにおいて，スケールエラーを示さない幼児は物体の認識に優れており，その物体に応じた関わりができるが，スケールエラーを示す幼児はふりに関わる能力が未熟であるがゆえに，状況に応じた物体への関わりが少ない可能性がある。

　今後は，スケールエラー生成の個人差も含めて，スケールエラーの減少がふりの増加と連続的な関連性を示すのかを縦断的に検討することで，本研究で得られた結果をさらに検討できると考える。また，幼児がミニチュアの物体からどのような心的イメージを形成しているのかを調べてみるのも有効であると考える。物体の行為の決定においては，事前の提示経験により，その物体への視覚運動が自動的に生成されるという知見があり（Seegelke, Güldenpenning,

Dettling, & Schack, 2016)，スケールエラーを示す幼児は，物体への事前の関わりにより，眼前の物体への視覚運動が誘発されたままミニチュア物体に関わっている可能性が考えられる。このように考えると，ふり遊びができる幼児は，目の前の物体から惹起されたイメージをもとに状況に応じて想起された心的イメージを操作できるが，スケールエラーを示す幼児は，過去の心的イメージが過剰に働いており，心的イメージを状況に応じて操作することができていない状態を反映している可能性がある。今後は，脳機能イメージング等の手法を用いて，目の前の物体から想起される心的イメージがスケールエラーを示す幼児とそうでない幼児とで異なるのかどうかを検討することで，スケールエラーの原因をさらに追究できるのではないかと考える。

　さらに，本研究ではスケールエラー課題中の幼児の反応により上記の結論を導き出したが，今後はスケールエラーの生起とふり遊び課題（例えば Rakoczy & Tomasello, 2006）及びシンボル理解を調べる課題（DeLoache et al., 1997）との関連を実験的に調べ，スケールエラーが幼児のふり能力やシンボル能力をどの程度予測しうるのか，実証的に明らかにする必要があるだろう。また，それに加えて，従来のスケールエラー研究では注目されてこなかった，スケールエラー課題中の幼児の物体の関わり方を見るという方法は，幼児の遊び方の個人差や質についての時間的変遷を調べることもでき，幼児期のモノの学習の仕方や各時期の遊びの変化についての示唆を得ることもできるだろう。この点は，第5節において詳しく述べていくこととする。

　次に，スケールエラー現象において認識及び認識に基づく行為がなされる過程を論じる際に背景となる，腹側及び背側経路の機能的関連性について考察する。DeLoache & Uttal（2011）は，スケールエラーの認知プロセスの背景として Milner & Goodale（1995）の視覚情報に関する理論を引用し，物体のカテゴリーやその物体のアクションプラン等の物体認識及び認識に基づく行為選択は腹側経路にて処理され，実際の行為に関わる身体や運動制御は背側経路にて処理されると主張し，特に，腹側経路における未熟さによってスケールエラーが生じると主張した（DeLoache & Uttal, 2011）。

　彼女らの考える「統合」とは，腹側及び背側経路の領域で行われる機能的処理が各領域で適切に働き，最終的に目標となる行為を産出できることである。

スケールエラーは，腹側領域に関わる物体情報の処理が機能しておらず，誤った物体に関わろうとする行為の誤った計画がなされるが，背側経路は正常に機能しているため，物体に関わる際の振る舞いは正しく行えるという。幼児期の腹側及び背側経路に関わる領域はそれぞれ発達する時期が異なるという点においては（Nardini et al., 2008; Street, James, Jones, & Smith, 2011），彼女らの説を支持することができる。

　しかしながら，スケールエラーが腹側経路における未熟さを反映した現象であるならば，腹側経路は約6か月頃から発達し，背側経路の発達は腹側経路の発達よりも比較的遅いとされる知見（Johnson et al., 2008）と矛盾することとなる。また，研究4の結果のように，スケールエラーを示す幼児においても，ふり遊び自体の頻度が低いとはいえ，他の物体においてはスケールエラーを必ずしも示さないといった，ふりなどの認識及び認識に基づく行為をなぜ適切に行えるのかを説明できない。これは特に物体に関わる際の行為の産出においていえることだが，霊長類を対象とした研究では，物体についての情報は主に腹側領域の下側頭皮質にて投射されるが，物体に関わる際のサイズ情報や形についての情報はAIP野など頭頂皮質でも処理されるため（Murata et al., 1997），行為の選択においては腹側経路のみならず背側経路が介する。したがって，DeLoacheらの解釈で，腹側及び背側経路の機能的働きを説明するには限界があるといえる。

　脳領域間の成熟を考える際に，相互作用特殊化説というものがある。この説は，領域間の成熟が相互作用的に働き，次第にその領域の特殊化がなされていくと考えるもので，特に乳児期においては，腹側及び背側経路の機能的な働きは明確ではなく，相対的なものであると考えられている（Johnson & Haan, 2011 鳥居訳 2014）。認識及び認識に基づく行為に関する脳内ネットワークには明確な区分はなく，次第に分離していくことを反映しているとする証拠として，背側及び腹側経路に関わる情報処理を同時に保持することが難しいことを示す知見が紹介されている（Hadad, Avidan, & Ganel, 2012; Nardini et al., 2008）。乳児は，腹側経路と背側経路に関する処理を同時に行うことができず，どちらか一方の情報のみを符号化することができるという。例えば乳児の注視時間を指標に腹側経路と背側経路の統合に関する研究を行ったMareschal &

Johnson（2003）の研究では，乳児は物体の特徴あるいは位置が変化した状況では，ベースライン時と比べて注視時間が増えたが，特徴及び位置情報の2つの次元が変化したときには，ベースライン時と比べて，注視時間の変化は見られなかった。

　この結果から考えると，スケールエラーにおいては，物体に関わる際の行為が産出されるまでの間に必要な物体認識，及び認識に基づく行為選択に関わる物体の特徴情報の処理とアクションプランの情報を，複数符号化することができないために生じる可能性があると考えられる。彼らは認識に基づいた物体への振る舞いについての検討は行っていないため，スケールエラー課題のような探索を伴う際の物体処理の働きとは異なる可能性があるが，腹側及び背側経路における領域間の働きが曖昧なことでスケールエラーが生起し，徐々にそれら経路に関わる領域が分化し適切な行為に至るのならば，状況によっては腹側経路優位か背側経路優位で物体の処理がなされる可能性を考えることができる。例えば，腹側経路優位の処理がなされた場合は，アフォーダンスに基づく情報が考慮されず，意味処理に基づいた行為選択がなされる。背側経路優位の処理がなされた場合は，意味処理に基づく情報は考慮されないため，アフォーダンスに基づいた行為選択がなされる。このように領域間の活動は相対的なものであり，背側経路優位の処理がなされた場合においてスケールエラーが生じやすい可能性があるため，スケールエラーを示すときもあれば，示さないときもあるというように物体ごとに関わりが異なる理由について考えることができるのかもしれない。

　本研究では，脳領域間の機能的連絡を検討していないため認識及び認識に基づく行為の組織化に必要な情報統合における発達過程を結論付けることはできない。腹側及び背側経路の統合に関する幼児期の発達認知神経科学的知見の蓄積が期待される。今後は幼児期の物体認識から行為産出に至るまでの発達過程において，腹側及び背側経路が機能間においてどの程度異なる働きをし，連絡をし合っているのかについては，幼児期の発達に伴う脳全体の機能上の変化を調べる必要があり，こうした機能間の統合がスケールエラー課題における幼児の柔軟な物体への関わりの達成と繋がりうるのか，さらなる検討が必要である。

第 3 節　物体認識とその行為の統合，柔軟な関わりに至るまでの発達過程についての考察：言語発達との関連

　本研究の結果からスケールエラーの原因はふりに関わる能力と関連性があることが示されたと考察してきた。以下，具体的にはどういった要因がふりの能力を促しうるのか，ふりの成立以前の幼児のモノや機能を理解する能力との関連性について述べたい。

　幼児の物体を理解する能力（物体認識）はふり遊びの出現と関連するとされ（Smith & Jones, 2011），モノに応じた柔軟な関わりが可能になるには，特にモノの理解とモノを代用するといったふり遊びとの関係は密接であるとされている（Smith, 2013）。また，遊びの中において，積み木を車に見立てるなどといった比較的単純な見立てから，車をヘアブラシとして扱う等，実物と形態の異なるモノを用いたより高度なモノの代用遊びが，成長に伴い可能になるとされる。その背景には，物体認識の理解の発達があるという（Smith & Jones, 2011）。

　James, Jones, Smith, & Swain（2014）は，子どもの探索行動において，子どもが物体のどの部分を見るのかによって，そのモノの理解のされ方が異なることを指摘している。例えば 20 か月未満の幼児は，物体の全体的な形ではなく一部分や局所的な個所に注意を向けやすく（Quinn, 2004; Rakison & Butterworth, 1998），20 か月以降から，物体の要素的な情報を統合し，次第に全体として理解できるようになってくるという（Rakison & Butterworth, 1998; Rakison & Cohen, 1999）。また Ishibashi, Westermann, & Twomey（2018）は，アイトラッカーを用いた物体の特徴の理解を調べるための課題を実施し，その課題の成績と英国の幼児のスケールエラーとの関連を検討している。その結果，物体の細かな特徴に注目しやすい傾向にある幼児ほど，スケールエラーが多い傾向にあることを報告した。

　この結果から，スケールエラーを示す幼児は，物体全体（例えば，車）を見るのではなく，物体の局所的な情報（例えば，車輪やハンドル）に注目しやすい傾向があり，それがモノの適切な使用と関連する可能性が考えられ，幼児がその物体にどのような振る舞いをするのかの背景には，幼児が物体のどこに注目するのかといったことも関係しているのかもしれない。こうした，サイズを

含む物体の概念理解が発達していくことによりモノに応じた柔軟な関わりへと繋がっていく可能性が考えられ，遊びも広がりを見せていく可能性があると考えられる。

　さらに，上で述べた物体認識の発達に関連して，幼児が物体の形に着目しやすい傾向，すなわち形バイアスも物体への振る舞いに影響する可能性が考えられる。形バイアスが見られる背景には，幼児の語彙数との関係があるとされる。形バイアスは，18 か月から 30 か月において見られるが（Gershkoff-Stowe & Smith, 2004; Pereira & Smith, 2009; Rakison & Butterworth, 1998），語彙数が 51 語から 100 語のときに最も見られやすいという（Smith, Jones, Landau, Gershkoff-Stowe & Samuelson, 2002）。また，初期の名詞の獲得が遅い幼児は，形バイアスが生じにくいことも明らかになっている（Jones & Smith, 2004）。

　スケールエラーの生成に関連するとされる物体と，その行為の意味との関連付けの誤学習が生じることを想定した Grzyb et al.（2019）の研究では，学習を重ねるごとにサイズに適した行為が選択できるようになるプロセスを，計算論的モデリングの手法で明らかにした。彼女らは，スケールエラーは物体及びその行為についての概念理解の結びつきによるエラーであると仮定しており，語彙の獲得により形に注意を向けやすくなる形バイアスの影響を受けることで，サイズについての情報が無視されるのではないのかと述べている。例えば語を学び始めた幼児は，物体に関わる際に物体の意味表象が強く活動してしまうことでその物体の形に目を向けやすくなり，サイズ情報よりも形の情報が優位になり，物体とその行為の関連づけの誤学習が生じるのではないのかと考察している。こうしたモノに関わる際の認識のされ方が，モノとの関わりに影響しうる。

　言語とふり遊びは密接な相関関係があり，共通の機能を持っているとも言われている（Orr & Geva, 2015; Lillard & Kavanaugh, 2014）。特に，言葉の産出の遅い幼児は，その年齢において標準とされる語彙を持つ幼児に比べて，シンボリックな遊びを示しにくいということも挙げられている（Tamis-LeMonda et al., 1991）。初期の言語発達は，視覚的な物体認識についての理解を促し，それが促されることで，シンボリックな遊びにつながるという知見もあるため（Smith & Jones, 2011），以下では，初期言語の発達とスケールエラーとの関連

についても考察していくこととする。

　幼児期の初期言語に関する知見として，幼児の物体の意味についての理解は明確にモノ（例えば，車）と行為（例えば，乗る）を区別して理解しているわけではなく，未分化な状態から次第に分化していくという知見がある（Hagihara & Sakagami, 2020）。Hagihara & Sakagami（2020）は，幼児は物体を見た際に，モノとしてそれを理解しているのか，行為としてそれを理解しているのかを調べた。例えば，幼児は靴を見たときに，「靴」という名詞的な理解か，それとも「履く」という動詞的な理解に基づきモノを認識しているのか，それとも「靴」と「履く」という明確な区別がない状態でモノを理解しているのだろうか。それを調べるために，彼らは以下のような実験を行った。幼児に，行為者が靴をこねるような（無意味動作）様子と，かごを履く動作が映し出された映像を見せ，その後，「靴はどっち？」と尋ね，どちらの映像を指さすのかを選ばせるものであった。仮に幼児が靴という語をモノに対応させている場合は，靴への無意味動作を見ても靴を選ぶが，靴という語を行為に対応させている場合は，かごを履く動作を選ぶはずである。このように，モノと行為を分けた際の幼児の語についての意味の理解の仕方を調べた。

　その結果，21 か月未満の幼児は，正しい映像の選択はチャンスレベルであったが，21 か月以降になると，モノと行為が対応づけられていない映像，靴に対してこねるというような動作を見せられた場合でも，靴を選択できるようになったという。この結果は，21 か月未満の幼児は行為とモノの理解を分けた際に，モノとしてそれを判断することが難しいが，21 か月以降になると，モノと行為が対応づけられていない場合であってもモノとしてそれを判断できるようになることを示している。この実験結果から考察できることは，語の意味を学び始めた幼児は，モノとその行為の対応付けが明確になされていないが，発達とともにそれらが対応付けられていくということである。彼らの知見からスケールエラーを考えると，例えばミニチュアの車を見たときの幼児の心的表象においては車という物体情報に加えて，「乗る」という行為が含まれているため，ミニチュアでも通常サイズでも乗るという行為を適用している可能性が考えられる。

　なお，Hagihara et al.（2022）は，物体の意味表象を強く活性化させることが

スケールエラーの生成に影響するのかを実験的に検討した。具体的には，モノの名前を強調した教示を受けると，たとえ「乗ってみよう」などの具体的な行為の促しがなかったとしても，モノに関連する意味表象が活性化されるのではないかと仮説を立て，子どもがモノに関わるときに，実験者がモノの名詞を強調する条件（例えば，「車だね」）と，指示詞でモノについての情報を伝える条件（例えば，車を指すときに「これだね」）とで，スケールエラーの生起が変化するのかを検討した。その結果，条件間の統計的な有意差は示されなかったが，語彙数との関連性が示され，モノの特徴に関連する意味表象が活性化される可能性が検討されている。これまでのスケールエラーの研究では，形を含む物体への特徴情報か（Grzyb et al., 2019），それとも機能的固着に見られる物体の機能についてのバイアスか（Casler, 2014）といった単一の要因がスケールエラーに影響しうるとされてきたが，サイズ情報の統合においてはモノとその機能や行為といったある特徴を行為に結び付けるといったモノの意味的な理解がよりスケールエラーに影響する可能性がある。

　さらに最近の知見では，行動観察場面において，観察時にたまたまスケールエラーを示さなかっただけなのか，もともとスケールエラーを示さない参加児だったのかを判別するために，スケールエラーの生起と月齢の関係の検討を行った研究がある（Hagihara et al., 2024）。Hagihara et al. (2024) は，スケールエラーに関する9つの研究を集約し，ゼロ過剰ポアソン分布モデルという解析方法を用いてスケールエラーの生起と月齢の関係を検討した。この解析方法は，ゼロの発生率が高いカウント・データを用いる際に適したモデルであり，構造的ゼロとサンプリング的ゼロの2つを仮定できる。構造的ゼロとは，例えば子どもがもともとその行動をしない可能性を仮定するものであり，サンプリング的ゼロは，観察中にその行動がたまたま見られなかった可能性を仮定するものである。このように Hagihara らは，ZIP モデルを用いて，スケールエラーが生じる確率とスケールエラーが生じた場合に何回観察されるかについての確率を同時に識別し，もともとスケールエラーを示さなかったのか，たまたま観察中にスケールエラーを示さなかったのかを考慮し，スケールエラーの生起と月齢の関係を検討した。

　スケールエラーの有無（2値データ）とスケールエラーの数（カウントデー

タ）を従属変数とし，月齢や国などの変数を考慮したうえで，最も当てはまりの良いモデルを，実験室データと保育室データとに分けて，それぞれ解析した。モデル比較の結果，実験室と保育室データはそれぞれ，単なるポアソン回帰よりも，ZIP モデルに基づく回帰が最も良い予測を示し，特に，実験室データについては月齢の回帰式がスケールエラーの有無は非線形で，スケールエラーの数については線形の回帰モデルが当てはまりが良いことが明らかになった。一方で，保育室での観察データについては月齢の回帰式がスケールエラーの有無は線形で，スケールエラーの数については非線形の回帰モデルが当てはまりが良いことが示された。したがって，非線形の回帰式においては，月齢については二次の項を解析に含めて検討をした。

　実験室内のデータと教室で観察されるスケールエラーはスケールエラーの有無と数それぞれで，年齢が単純な一次関数として描かれるか曲線的な関数で描かれるのかが異なることが示唆されている。18-27 か月においてスケールエラーが見られ 20 か月にかけてピークになることが明らかになった。また，スケールエラーの発生の有無と，観察された場合にスケールエラーが何回発生したかとの間には関連が示されなかったことから，スケールエラーを示すかどうかについてと，スケールエラーを示したうえで何回示すのかについては，それぞれ異なる認知的メカニズムが生じている可能性が指摘されている。例えば，スケールエラーを示すのかは，動詞や形容詞などの語彙数が関連し，何度もスケールエラーを示す子どもは，抑制能力の未熟さが関連しているのではないかと考察されている（Hagihara et al., 2024）。

　以上のように，スケールエラーの原因は上記の要因が複合的に組み合わさり関連している可能性があるといえ，特に，ふり遊びの成立においては，モノの特徴情報をその行為に結び付けるといった，認識とその行為を適切に統合し，使用する必要があると思われる。このあたりの関係性の検討は，今後の課題としたい。

　いずれにせよ，物体への柔軟な関わりに至るまでには，サイズを含む物体の概念理解についての発達があり，その先にシンボル理解の発達や語の意味的理解と使用といった言葉の発達が関連している可能性があり，それらの発達が状況に応じた関わりを可能にさせ，遊びがより豊かに展開していくと考えられる

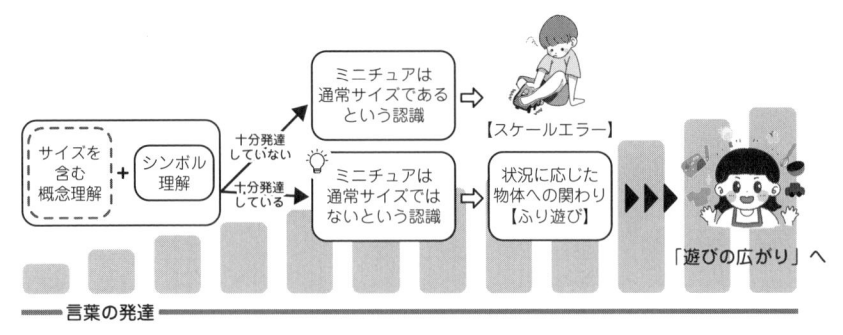

図 6-2　物体への関わりから遊びが展開していく過程についての概略図

（図 6-2）。

第 4 節　柔軟な関わりの開始以降，その先にある発達についての考察

　前節では，柔軟な関わりに至るまでの発達に関する説について整理したが，それ以降の時期に関しては，本研究の結果からどのようなことが示唆できるのだろうか。第 1 章においては，物体認識及び認識に基づく行為が発達することにより，幼児がいかに探索を通して物体についての概念を学び，遊びを展開させていくのかについて概説した。幼児は物体に関わる際の自身の感覚運動と環境との相互作用から情報を獲得し（Bjorklund & Pellegrini, 2002 無藤訳 2008），状況に応じて物体を別のモノとして扱う等，より柔軟な物体への振る舞いが行えるようになる。こうした探索を通して物体を理解し，その後，その物体を使った遊びが展開されていくように（Pellegrini & Hou, 2011），物体探索が物体を用いた遊びに先行する（Pellegrini, 2013）。物体探索は，物体そのものへの理解だけではなく，その物体にどのように振る舞うのかについての学習の機会を与え（Corbetta et al., 2018; Abney, Karmazyn, Smith, & Yu, 2018），語彙や概念の学習は探索を伴う際に最も促進されやすく（Corbetta et al., 2018; Wilcox et al., 2007），後のふり遊び等の遊びの展開を促すとされている。

　探索の文脈において，子どもは物体を受動的に認識するのではなく，自らの選択に基づき認識している（Smith, 2009）。自発的に刺激を探索させた際の子

どもの注意や探索には一定の法則性があり，刺激の提示の順序や刺激間の類似性の程度に応じて，子どもは自ら行動の調整を行っている（Kidd & Hayden, 2015）。例えば1歳頃の乳児は，刺激間で類似度が高すぎたり低すぎたりする刺激には注意を向けず，刺激間の類似度が中程度の刺激の注視を好む（Kidd, Piantadosi, & Aslin, 2012）。この選好性は2歳頃の幼児の探索パターンにおいても見られるという（Ke, Westermann, Malem & Twomey, 2018）。こうした幼児の注意や探索において見られる法則性を語彙や概念などのカテゴリー学習に適用することで，乳幼児の最適な概念学習環境を提供できるのではないかとされ，幼児期の探索に見られる自発性を好奇心の発達と結び付けた語彙学習メカニズム（Twomey & Westermann, 2018）が最近では注目されている。

　物体を操作するといった感覚を伴う経験が物体の学習に影響を与える知見について，Corbetta et al.（2018）が，幼児の物体探索と初期言語学習との関連を検討している。Corbetta et al.（2018）は18-22か月の幼児に3つの実験条件を提示した。その条件では，物体を提示し，操作させずに新奇語のラベルを聞かせる注視のみの条件，新奇語のラベルを聞かせた後に物体を操作させる条件，物体を操作している最中に新奇語のラベルを聞かせる条件であった。その後，テスト試行においては，新奇語のラベルが与えられたターゲット刺激と，与えられていない妨害刺激が提示され，どちらの物体に目を向けるのかが比較された。その結果によれば，物体を操作する条件においては，妨害刺激よりもターゲット刺激により目を向ける傾向があったが，注視のみの条件においては，ターゲット刺激よりも妨害刺激への注視がより多く見られたという。この結果から，語の意味は探索を伴う学習が行われた際に獲得されやすいことが示された。

　幼児は物体を掴むときに，その物体を眼前に近づけ注意を向けることで，不要な情報への注意を遮断でき，効率的にその物体を学ぶことができるという（Yu & Smith, 2011）。物体を操作し，その物体を自分の視野に近づけることで，物体に関連する情報と関連しない情報の選択がなされる（Yu, Smith, Shen, Pereira, & Smith, 2009）。このように，探索は視覚注意を安定させ（Abney et al., 2018; Yu et al., 2009），その後の物体への理解や語彙の学習を促進する（Smith, 2013）。

物体認識，遊び，そして語彙の学習の関係は，一見関わりのないように見えて，発達の中でダイナミックに関わっており（Smith et al., 1999），幼児の物体への認識の仕方は，他の多くの認知的要素の発達的変化を生み出す（Smith, 2013）。幼児は探索的かつ試行錯誤的に物体に関わり，物体への認識を深めていく。一見すると未熟な行為に見える幼児のスケールエラー現象は，幼児自身が学習を深める過程を反映した現象として捉えることができるのかもしれない。今後はスケールエラーを通して物体及び物体の機能的側面の理解に関する発達的知見の蓄積を続けることで，教育及び療育において，幼児期の効果的な物の学習や各時期の遊びのあり方や遊びの環境等に関した提言をしていくことができるだろう。

第5節　おわりに

幼児期において，外界にある物体を認識しその物体への行為を選択する際の認知及び脳内メカニズムは，どのように発達するのだろうか。

本研究の大きな目的は，スケールエラー現象の解明を通して，幼児期の物体認識及びその行為の発達過程において新たな知見を提供することであった。本章では，物体認識及びその行為の選択についての統合が未熟な状態とされるスケールエラー現象を通して，幼児期の認知発達研究において未だ明らかにされていない物体認識とその行為の統合について解釈を行うとともに，その統合の先にどのような発達があるのかについての考察を行った。しかしながら，本研究の行動データから得られた解釈がいかに脳の機能上の働きを反映しうるのかは，脳機能及び脳領域間の発達過程について現在も多くの点が明らかでないため，仮説の域を出ない。

現在，発達認知神経科学の分野においては，行動の観察と神経の観察の関係づけが十分な観察のもと検証された妥当な理論が欠けていることが指摘されているが（Johnson & Haan, 2011 鳥居訳 2014），これは発達心理学の分野全体においていえるだろう。Johnson & Haan（2011 鳥居訳 2014）は，脳及び行動の観察を比較できるような脳に関する発達理論の展開の必要性を論じ，観察において説明できるような理論は，神経処理のダイナミックな側面と両立させ，脳

イメージングのデータから理論構成を行い，計算論的モデリングとして具体化すべきであると論じている。近年では，発達心理学から学際性を強調した発達科学への移行が重要視されている（中尾，2014）。学際性においては，分野を超えた発達に関する知見を統合し，理解を深め，協力的な研究を行うことが望まれる（Richards, 1949）。今後は他領域との融合により，幼児期の発達研究がより発展していくことが期待される。

　スケールエラー現象においても，スケールエラーの生成を計算論的に説明する研究も発表されており（Grzyb et al., 2019），観察において推察された理論の妥当性の検証が進みつつある。また，スケールエラー現象を通して，NIRS 等の脳機能イメージングを用いた研究が今後も展開されることが期待される。今後は前頭葉に限らず幼児期の脳の構造と機能間の関係や脳領域間の連携を踏まえた，今日まで続く議論に示唆をもたらすような取り組みが進んでいくことが期待される。

　方法論や技術の進展が進み学際性が重視される一方で，その時期の子どもの姿を観察し行動上の知見を提供し続けることが，発達心理学の分野において強く求められる役割であろう。例えば認知発達ロボティクスの分野においては，ヒトがモノの概念や言葉を学習させ，行動を実施する過程を明らかにするために，ロボットにそれらを実装させた概念獲得メカニズムによる検証がなされている（Miyazawa, Horii, Aoki, & Nagai, 2019）。スケールエラーに見られる観察データから幼児の行動データに基づく物体認識及び認識に基づく行為の生成過程に関する知見を今後も提供していくことは，こうしたロボット制作なども含め，分野を超えて他の研究領域において大きな貢献を果たしていくだろう。

　スケールエラーが多くの研究者により関心を持たれている理由の 1 つに，その現象としての面白さがある（板倉，2007）。近年の神経科学及び進化発達心理学的知見から，子どもの認識の仕方は，少なくともある部分では大人とは異なるという乳幼児観が提唱され，スケールエラーが子ども特有の認識世界を表すものであり，ある種の適応性を果たす可能性について論じられている（森口，2014）。スケールエラーは物体の関わり方の誤学習であるという以上に，子ども特有の物の見え方や認知のされ方，さらには，子どもの遊びの質的転換期を反映した現象であるのかもしれない。こうした子ども特有の認識世界を含む

その時期の子どもの姿を捉えていくためにも，スケールエラーに見られる行動上の証拠に合わせて，脳発達や計算論の視点からのデータも蓄積し，一貫性のある矛盾のない理論を提案していくことで，行動実験に限定された理論以上の説明を提供できると考える。

引用文献

Abney, D. H., Karmazyn, H., Smith, L. B., & Yu, C. (2018). Hand-Eye Coordination and Visual Attention in Infancy. *Proceedings of the 40th Annual meeting of the Cognitive Science Society, 40*, Madison, USA.

Allport, D. A. (1987). Selection for action: Some behavioral and neurophysiological considerations of attention and action, In H. Heuer & H. F. Sanders. (Eds.) *Perspectives on Perception and Action* (pp. 395–419). New Jersey: Lawerence Erlbaum.

Baird, A. A., Kagan, J., Gaudette, T., Walz, K. A., Hershlag, N., & Boas, D. A. (2002). Frontal lobe activation during object permanence: Data from near-infrared spectroscopy. *NeuroImage, 16*(4), 1120–1126. doi: 10.1006/nimg.2002.1170

Barrett, T. M., & Needham, A. (2008). Developmental differences in infants' use of an object's shape to grasp it securely. *Developmental Psychobiology: The Journal of the International Society for Developmental Psychobiology, 50*(1), 97-106.

Bates, E., Bretherton, I., Snyder, L., Shore, C., & Volterra, V. (1980). Vocal and gestural symbols at 13 months. *Merrill-Palmer Quarterly of Behavior and Development, 26* (4), 407–423.

Bell, M. A., & Adams, S. E. (1999). Comparable performance on looking and reaching versions of the A-not-B task at 8 months of age. *Infant Behavior and Development, 22* (2), 221–235. doi: org/10.1016/S0163-6383 (99) 00010-7

Bell, M. A., & Fox, N. A. (1992). The relations between frontal brain electrical activity and cognitive development during infancy. *Child Development, 63* (5), 1142–1163. doi: org/10.1111/j.1467-8624.1992.tb01685.x

Belsky, J., & Most, R. K. (1981). From exploration to play: A cross-sectional study of infant free play behavior. *Developmental Psychology, 17* (5), 630–639. doi: org/10.1037/0012-1649.17.5.630

Benjamini, Y., & Hochberg, Y. (1995). Controlling the false discovery rate: A practical and powerful approach to multiple testing. *Journal of the royal statistical society. Series B* (*Methodological*), 289–300. doi: org/10.1111/j.2517-6161.1995.tb02031.x

Bertenthal, B. I. (1996). Origins and early development of perception, action, and representation. *Annual Review of Psychology, 47*(1), 431–459. doi: org/10.1146/annurev.psych.47.1.431

Bertenthal, B., & von Hofsten, C. (1998). Eye, head and trunk control: The foundation for manual development. *Neuroscience & Biobehavioral Reviews, 22*(4), 515–520. doi: org/10.1016/S0149-7634 (97) 00038-9

Berthier, N. E., DeBlois, S., Poirier, C. R., Novak, M. A., & Clifton, R. K. (2000). Where's the ball? Two-and three-year-olds reason about unseen events. *Developmental Psychology, 36* (3), 394–401. doi: org/10.1037/0012-1649.36.3.394

Bjorklund, D. F. & Pellegrini, A. D. (2002). *The Origins of Human Nature: Evolutionary Developmental Psychology.* Washington, D. C. American Psychological Association. (ビョークランド, D. F.・ペレグリーニ, A. D. 無藤隆 (監訳) (2008). 進化発達心理学— ヒトの本性の起源 新曜社)

Borra, E., Belmalih, A., Calzavara, R., Gerbella, M., Murata, A., Rozzi, S., & Luppino, G. (2008). Cortical connections of the macaque anterior intraparietal (AIP) area. *Cerebral Cortex, 18*(5), 1094–1111. doi: org/10.1093/cercor/bhm146

Bower, J. L. (1974). On the amoral organization. In R. Marris (Eds.), *The Corporate Society,* 178–213.

Bremner, A. J., Bryant, P. E., & Mareschal, D. (2006). Object-centred spatial reference in 4-month-old infants. *Infant Behavior and Development, 29*(1), 1-10.

Brownell, C. A., Zerwas, S., & Ramani, G. B. (2007)."So big": The development of body self-awareness in toddlers. *Child Development, 78*(5), 1426–1440. doi: org/10.1111/j.1467-8624.2007.01075.x

Burmester, A., & Wallis, G. (2011). Thresholds for the detection of changing visual features. *Perception, 40* (4), 409–421. doi: org. 10.1068/p6890

Buxbaum, L. J., & Kalénine, S. (2010). Action knowledge, visuomotor activation, and embodiment in the two action systems. *Annals of the New York Academy of Sciences, 1191,* 201–218. doi: 10.1111/j.1749-6632.2010.05447.x

Carlson, S. M., & Moses, L. J. (2001). Individual differences in inhibitory control and children's theory of mind. *Child Development, 72*(4), 1032–1053. doi: org/10.1111/1467-8624.00333

Carlson, S. M., White, R. E., & Davis-Unger, A. C. (2014). Evidence for a relation between executive function and pretense representation in preschool children. *Cognitive Development, 29,* 1–16. doi: 10.1016/j.cogdev.2013.09.001

Carlson, S. M., & Zelazo, P. D. (2008). Symbolic thought. In *Encyclopedia of Infant and Early Childhood Development* (pp. 288–297). USA: Elsevier Inc. doi: org/10.1016/B978-012370877-9.00158-4

Carver, L. J., Meltzoff, A. N., & Dawson, G. (2006). Event-related potential (ERP) indices of infants' recognition of familiar and unfamiliar objects in two and three dimensions. *Developmental Science, 9*(1), 51–62. doi: org/10.1111/j.1467-7687.2005.00463.x

Casler, K. (2014). New tool, new function? Toddlers' use of mutual exclusivity when mapping information to objects. *Infancy, 19*(2), 162–178. doi: org/10.1111/infa.12044

Casler, K., Eshleman, A., Greene, K., & Terziyan, T. (2011). Children's scale errors with tools. *Developmental Psychology, 47*(3), 857–866. doi: org/10.1037/a0021174

Castiello, U., Bonfiglioli, C., & Bennett, K. (1998). Prehension movements and perceived object depth structure. *Perception & Psychophysics, 60* (4), 662–672.

Claxton, L. J., Melzer, D. K., Ryu, J. H., & Haddad, J. M. (2012). The control of posture in newly standing infants is task dependent. *Journal of Experimental Child Psychology, 113*(1), 159–165. doi: org/10.1016/j.jecp.2012.05.002

Cloutman, L. L. (2013). Interaction between dorsal and ventral processing streams: Where, when and how? *Brain and Language, 127*(2), 251–263. doi: org/10.1016/j. bandl.2012.08.003

Corbetta, D., DiMercurio, A., Wiener, R. F., Connell, J. P., & Clark, M. (2018). How perception and action fosters exploration and selection in infant skill acquisition. *Advances in Child Development and Behavior, 55*, 1–29. doi: org/10.1016/bs. acdb.2018.04.001

Corbetta, D., Thelen, E., & Johnson, K. (2000). Motor constraints on the development of perception-action matching in infant reaching. *Infant Behavior & Development, 23*, 351–374. doi: org/10.1016/S0163-6383 (01) 00049-2

Cox, R. F. A., & Smitsman, W. (2006). Action planning in young children's tool use. *Developmental Science, 9*(6), 628–641. doi: org/10.1111/j.1467-7687.2006.00541.x

Csibra, G., Johnson, M. H., & Tucker, L. A. (1997). Attention and oculomotor control: A high-density ERP study of the gap effect. *Neuropsychologia, 35*(6), 855-865.

Csibra, G., Tucker, L. A., Volein, Á., & Johnson, M. H. (2000). Cortical development and saccade planning: The ontogeny of the spike potential. *Neuroreport, 11*(5), 1069–1073. doi: 10.1097/00001756-200004070-00033

De Lisi, R. (1987). A cognitive-developmental model of planning. In S. L. Friedman, E. K. Scholnick, & R. R. Cocking (Eds.) *Blueprints for thinking: The role of planning in cognitive development* (pp. 79–109). UK: Cambridge University Press.

DeLoache, J. S. (2004). Becoming symbol-minded. *Trends in Cognitive Sciences, 8*(2), 66–70. doi: org/10.1016/j.tics.2003.12.004

DeLoache, J. S. (2005). Mindful of symbols. *Scientific American, 293* (2), 72–77. doi: 10.1038/scientificamerican0805-72 (デローチ, J. S., 開一夫 (訳) (2005). 子どもは象徴をどう理解するのか 日経サイエンス)

DeLoache, J. S., LoBue, V., Vanderborght, M., & Chiong, C. (2013). On the validity and robustness of the scale error phenomenon in early childhood. *Infant Behavior and Development, 36* (1), 63–70. doi: org/10.1016/j.infbeh.2012.10.007

DeLoache, J. S., Pierroutsakos, S. L., Uttal, D. H., Rosengren, K. S., & Gottlieb, A. (1998). Grasping the nature of pictures. *Psychological Science, 9*(3), 205–210. doi: org/10.1111/1467-9280.00039

DeLoache, J. S., & Uttal, D. H. (2011). Gulliver, Goliath and Goldilocks: Young children and scale errors. In V. Slaughter, & C. A. Brownell (Eds.) *Early Development of Body Representations* (pp. 59–68). UK: Cambridge University Press.

DeLoache, J. S., Uttal, D. H., & Rosengren, K. S. (2004). Scale errors offer evidence for a perception-action dissociation early in life. *Science, 304*, 1027–1029. doi: org/10.1126/science.1093567

Diamond, A. (2002). Normal development of prefrontal cortex from birth to young adulthood: Cognitive functions, anatomy, and biochemistry. In D. T. Stuss & R. T. Knight (Eds.), *Principles of frontal lobe function* (pp. 466–503). UK: Oxford University Press.

Diamond, A., & Goldman-Rakic, P. S. (1989). Comparison of human infants and rhesus monkeys on Piaget's AB task: Evidence for dependence on dorsolateral prefrontal cortex. *Experimental Brain Research, 74*(1), 24–40. doi: 10.1007/BF00248277

Diamond, A., Prevor, M. B., Callender, G., & Druin, D. P. (1997). Prefrontal cortex cognitive deficits in children treated early and continuously for PKU. *Monographs of the Society for Research in Child Development*, i-206. doi: 10.2307/1166208

Diamond, A., Werker, J. F., & Lalonde, C. (1994). Toward understanding commonalities in the development of object search, detour navigation, categorization, and speech perception. In G. Dawson, & K. W. Fischer (Eds.), *Human behavior and the developing brain* (pp. 380–426). NY: The Guilford Press.

Dormann, C. F., Elith, J., Bacher, S., Buchmann, C., Carl, G., Carré, G., Marquéz, J. R. G., Gruber, B., Lafourcade, B., Leitão, P. J., Münkemüller, T., McClean, C., Osborne, P. E., Reineking, B., Schröder, B., Skidmore, A. K., Zurell, D., & Lautenbach, S. (2013). Collinearity: A review of methods to deal with it and a simulation study evaluating their performance. *Ecography, 36*(1), 27–46. doi: org/10.1111/j.1600-0587.2012.07348.x

Elder, J. L., & Pederson, D. R. (1978). Preschool children's use of objects in symbolic play. *Child Development, 49*(2), 500–504. doi: 10.2307/1128716

Ellis, A. E., & Oakes, L. M. (2006). Infants flexibly use different dimensions to categorize objects. *Developmental Psychology, 42*(6), 1000–1011.

Espy, K. A., Kaufmann, P. M., McDiarmid, M. D., & Glisky, M. L. (1999). Executive functioning in preschool children: Performance on A-not-B and other delayed response format tasks. *Brain and Cognition, 41*(2), 178–199. doi: 10.1006/brcg.1999.1117

Fagard, J. (2000). Linked proximal and distal changes in the reaching behavior of 5-to 12-month-old human infants grasping objects of different sizes. *Infant Behavior and Development, 23* (3-4), 317–329. doi: org/10.1016/S0163-6383 (01) 00047-9

Fantz, R. L. (1958). Pattern vision in young infants. *The Psychological Record, 8*, 43–47

Farzin, F., Rivera, S. M., & Whitney, D. (2011). Resolution of spatial and temporal visual attention in infants with fragile X syndrome. *Brain, 134*(11), 3355–3368. doi: 10.1093/brain/awr249

Fenson, L., & Ramsay, D. S. (1981). Effects of modeling action sequences on the play of twelve-, fifteen-, and nineteen-month-old children. *Child Development, 52*(3), 1028–1036. doi: 10.2307/1129108

Fletcher-Watson, S., Collis, J. M., Findlay, J. M., & Leekam, S. R. (2009). The development of change blindness: Children's attentional priorities whilst viewing naturalistic scenes. *Developmental Science, 12*, 438–445. doi: 10.1111/j.1467-7687.2008.00784.x

Gershkoff-Stowe, L., & Smith, L. B. (2004). Shape and the first hundred nouns. *Child*

Development, 75 (4), 1098–1114. doi: org/10.1111/j.1467-8624.2004.00728.x

Gerstadt, C. L., Hong, Y. J., & Diamond, A. (1994). The relationship between cognition and action: Performance of children 3 1/2–7 years old on a Stroop-like day-night test. *Cognition, 53* (2), 129–153. doi: 10.1016/0010-0277 (94) 90068-x

Gilmore, R. O., & Johnson, M. H. (1997). Body-centered representations for visually-guided action emerge during early infancy. *Cognition, 65*(1), B1-B9.

Gjersoe, N. L., & Hood, B. M. (2009). Clever eyes and stupid hands: Current thoughts on why dissociations of apparent knowledge occur on solidity tasks. In B. M. Hood & L. R. Santos (Eds.), *The Origins of Object Knowledge* (pp. 354–371). UK: Oxford University Press.

Gleason, T. R., Sebanc, A. M., & Hartup, W. W. (2000). Imaginary companions of preschool children. *Developmental Psychology, 36*(4), 419–428. doi: org/10.1037/0012-1649.36.4.419

Glover, S. (2004). What causes scale errors in children? *Trends in Cognitive Sciences, 8* (10), 440–442. doi: org/10.1016/j.tics.2004.08.002

Goodale, M. A., & Milner, A. D. (1992). Separate visual pathways for perception and action. *Trends in Neurosciences, 15*(1), 20–25. doi: org/10.1016/0166-2236 (92) 90344-8

Goto, S., Mano, S., Nakamori, C., & Nishimura, M. (2011). Arabidopsis ABERRANT PEROXISOME MORPHOLOGY9 is a peroxin that recruits the PEX1-PEX6 complex to peroxisomes. *The Plant Cell, 23*(4), 1573–1587. doi: 10.1105/tpc.110.080770

Grimes, J. (1996). On the failure to detect changes in scenes across saccades. In K. A. Akins (Ed.), *Perception. Vancouver studies in cognitive science* (pp. 89–110). UK: Oxford University Press.

Grzyb, B. J., Cangelosi, A., Cattani, A., & Floccia, C. (2017). Decreased attention to object size information in scale errors performers. *Infant Behavior and Development, 47*, 72–82. doi: org/10.1016/j.infbeh.2017.03.001

Grzyb, B. J., Cangelosi, A., Cattani, A., & Floccia, C. (2019). Children's scale errors: A by-product of lexical development? *Developmental Science, 22*(2), 1–9. doi: org/10.1111/desc.12741

Grzyb, B. J., Cattani, A., Cangelosi, A., & Floccia, C. (2014, Oct). *Children in a wonderland: How language and scale errors may be linked.* Paper presented at the Fourth International Conference on Development and Learning and on Epigenetic Robotics (ICDL-EpiRob), Genoa, Italy. doi: 10.1109/devlrn.2014.6982992

Hadad, B. S., Avidan, G., & Ganel, T. (2012). Functional dissociation between perception and action is evident early in life. *Developmental Science, 15*(5), 653–658. doi: org/10.1111/j.1467-7687.2012.01165.x

Hagihara, H., Ishibashi, M., Moriguchi, Y., & Shinya, Y. (2022). Object labeling activates young children's scale errors at an early stage of verb vocabulary growth. *Journal of Experimental Child Psychology, 222*, 105471. doi: org/10.1016/j.jecp.2022.105471

Hagihara, H., Ishibashi, M., Moriguchi, Y., & Shinya, Y. (2024). Large-scale data

132

decipher children's scale errors: A meta-analytic approach using the zero-inflated Poisson models. *Developmental Science*, e13499. doi: 10.1111/desc.13499

Hagihara, H., & Sakagami, M. (2020). Initial noun meanings do not differentiate into object categories: An experimental approach to Werner and Kaplan's hypothesis. *Journal of Experimental Child Psychology*, *190*, 104710. doi: org/10.1016/j. jecp.2019.104710

Harris, P. L., Kavanaugh, R. D., & Dowson, L. (1997). The depiction of imaginary transformations: Early comprehension of a symbolic function. *Cognitive Development*, *12*(1), 1–19. doi: org/10.1016/S0885-2014 (97) 90028-9

Harris, P. L., Kavanaugh, R. D., Wellman, H. M., & Hickling, A. K. (1993). Young children's understanding of pretense. *Monographs of the Society for Research in Child Development*, *58*(1), i-107. doi: 10.2307/1166074

He, L., Zhang, J. & Xu, X. (2015). A longitudinal study on the impact of small-sized supporting objects on children behavior. *Psychology*, *6*(6), 718–726. doi: 10.4236/psych.2015.66070

Helbig, H. B., Graf, M., & Kiefer, M. (2006). The role of action representations in visual object recognition. *Experimental Brain Research*, *174*(2), 221–228. doi: 10.1007/s00221-006-0443-5

Holmboe, K., Nemoda, Z., Fearon, R. M. P., Csibra, G., Sasvari-Szekely, M., & Johnson, M. H. (2010). Polymorphisms in dopamine system genes are associated with individual differences in attention in infancy. *Developmental Psychology*, *46*(2), 404–416. doi: org/10.1037/a0018180

Hommel, B. (1994). Spontaneous decay of response-code activation. *Psychological Research*, *56* (4), 261–268. doi: org/10.1007/BF00419656

Hood, B., Cole-Davies, V., & Dias, M. (2003). Looking and search measures of object knowledge in preschool children. *Developmental Psychology*, *39*(1), 61–70.

Hunley, S. B., & Hahn, E. R. (2016). Labels affect preschoolers' tool-based scale errors. *Journal of Experimental Child Psychology*, *151*, 40–50. doi: org/10.1016/j. jecp.2016.01.007

Hutt, C. (1966). Exploration and play in children. *Symposia of the Zoological Society of London*, *18*, 61–81.

井上 洋平 (2011). みたて行動に対する幼児の理解をめぐる研究の課題 心理科学, *32* (1), 50–65.

Ishibashi, M., & Moriguchi, Y. (2017). Understanding why children commit scale errors: Scale error and its relation to action planning and inhibitory control, and the concept of size. *Frontiers in Psychology*, *8*, 826. doi: org/10.3389/fpsyg.2017.00826

Ishibashi, M., & Moriguchi, Y. (2020). Does children's scale error relate to a failure to detect size change? *Psychologia*, 2019-A010. doi: org/10.2117/psysoc.2019-A010

Ishibashi, M., & Uehara, I. (2020). The relationship between children's scale error production and play patterns including pretend play. *Frontiers in Psychology*, *11*,

1776. doi: org/10.3389/fpsyg.2020.01776

Ishibashi, M., & Moriguchi, Y. (2021). Neural basis of scale errors in young children. *Developmental Neuropsychology, 46*(2), 109–120. https://www.tandfonline.com/

Ishibashi, M., Westermann, G., & Twomey, K. E. (2018, September). *The relationship between children's scale errors and categorization.* The British Psychological Society Developmental Section Annual Conference, Liverpool, UK.

板倉 昭二 (2007). 心を発見する心の発達　京都大学学術出版会

James, K. H., Jones, S. S., Smith, L. B., & Swain, S. N. (2014). Young children's self-generated object views and object recognition. *Journal of Cognition and Development, 15* (3), 393–401. doi: org/10.1080/15248372.2012.749481

Jeannerod, M. (1988). The *neural and behavioural organization of goal-directed movements.* UK: Clarendon.

Jha, M., Gassman, P. W., Secchi, S., Gu, R., & Arnold, J. (2004). Effect of watershed subdivision on swat flow, sediment, and nutrient predictions 1. *Journal of the American Water Resources Association, 40*(3), 811–825. doi: org/10.1111/j.1752-1688.2004.tb04460.x

Jiang, M. J., & Rosengren, K. S. (2018). Action errors: A window into the early development of perception–action system. *Advances in Child Development and Behavior,* 145–171. doi: org/10.1016/bs.acdb.2018.04.002

Johnson, M. H. (1995). The inhibition of automatic saccades in early infancy. *Developmental Psychobiology, 28*(5), 281–291. doi: org/10.1002/dev.420280504

Johnson, M. H., & Haan, M. D. (2011). *Developmental cognitive neuroscience,* 3rd edition. UK: Blackwell Publishing. (ジョンソン, M. H.・ハーン, M. D. 鹿取廣人・鳥居修晃 (監訳) (2014). 発達認知神経科学 原著第 3 版 東京大学出版会)

Johnson, M. H., & Mareschal, D. (2001). Cognitive and perceptual development during infancy. *Current Opinion in Neurobiology, 11*(2), 213–218. doi: org/10.1016/S0959-4388 (00) 00199-9

Johnson, M. H., Mareschal, D., & Csibra, G. (2008). The development and integration of the dorsal and ventral visual pathways in object processing. In C. A. Nelson & M. Luciana (Eds.) *Handbook of Developmental Cognitive Neuroscience* (pp.467–478). Cambridge: MIT Press.

Jones, R. L., & Smith, I. E. (2004). Efficacy and safety of trastuzumab. *Expert Opinion on Drug Safety, 3*(4), 317–327. doi: org/10.1517/14740338.3.4.317

Jovanovic, B., & Schwarzer, G. (2011). Learning to grasp efficiently: The development of motor planning and the role of observational learning. *Vision Research, 51*(8), 945–954. doi: 10.1016/j.visres.2010.12.003

Kajiume, A., Aoyama-Setoyama, S., Saito-Hori, Y., Ishikawa, N., & Kobayashi, M. (2013). Reduced brain activation during imitation and observation of others in children with pervasive developmental disorder: A pilot study. *Behavioral and Brain Functions, 9* (1), 1–5. doi: 10.1186/1744-9081-9-21

Káldy, Z., & Leslie, A. M. (2005). A memory span of one? Object identification in 6.5-month-old infants. *Cognition, 97*(2), 153–177.

Kandel. E. R. (2013). *Principle of Neural Science*, 5th edition. New York: The McGraw-Hill Companies. (カンデル, エリックR. 金澤一郎・宮下保司（監修）(2014). カンデル神経科学 メディカル・サイエンス・インターナショナル）

Kaufman, J., Mareschal, D., & Johnson, M. H. (2003). Graspability and object processing in infants. *Infant Behavior and Development, 26* (4), 516–528. doi: org/10.1016/j.infbeh.2002.10.001

Ke, H., Westermann, G., Malem, B. & Twomey, K. E. (2018, January). *New Evidence for Systematicity in Infants' Curiosity-Driven Learning*. Budapest CEU Conference on Cognitive Development, The Cognitive Development Center at CEU, Budapest, Hungary. doi: 10.13140/RG.2.2.12591.64161

Kidd, C., & Hayden, B. Y. (2015). The psychology and neuroscience of curiosity. *Neuron, 88* (3), 449–460. doi: org/10.1016/j.neuron.2015.09.010

Kidd, C., Piantadosi, S. T., & Aslin, R. N. (2012). The Goldilocks effect: Human infants allocate attention to visual sequences that are neither too simple or too complex. *PloS One, 7* (5), e36399. doi: org/10.1371/journal.pone.0036399

Koch, J. K. L., Miguel, H., & Smiley-Oyen, A. L. (2018). Prefrontal activation during Stroop and Wisconsin card sort tasks in children with developmental coordination disorder: A NIRS study. *Experimental Brain Research, 236* (11), 3053–3064. doi: 10.1007/s00221-018-5358-4

Konkle, T., & Oliva, A. (2011). Canonical visual size for real-world objects. *Journal of Experimental Psychology: Human Perception and Performance, 37* (1), 23–37. doi: org/10.1037/a0020413

Kosslyn, S. M., DiGirolamo, G. J., Thompson, W. L., & Alpert, N. M. (1998). Mental rotation of objects versus hands: Neural mechanisms revealed by positron emission tomography. *Psychophysiology, 35* (2), 151–161. doi: org/10.1111/1469-8986.3520151

Krøjgaard, P. (2004). Comparing infants' use of featural and spatiotemporal information when individuating objects in an event monitoring design. *Developmental Science, 10* (6), 892–909. doi: org/10.1111/j.1467-7687.2007.00640.x

Ledebt, A. (2000). Changes in arm posture during the early acquisition of walking. *Infant Behavior and Development, 23*(1), 79–89. doi: org/10.1016/S0163-6383 (00) 00027-8

Lézine, I. (1973). The transition from sensorimotor to earliest symbolic function in early development. *Research Publication of the Association for Research in Nervous and Mental Disease, 51*, 221–232.

Lillard, A. S. (2001). Pretend play as twin earth: A social-cognitive analysis. *Developmental Review, 21* (4), 495–531. doi: org/10.1006/drev.2001.0532

Lillard, A. S. (2002). Pretend Play and Cognitive Development. In U. Goswami (Ed.), *Blackwell handbook of childhood cognitive development* (pp. 188–205). New Jersey:

Blackwell Publishing

Lillard, A. S.（2015）. The development of play. *Handbook of Child Psychology and Developmental Science*, 1–44. doi: org/10.1002/9781118963418.childpsy211

Lillard, A. S., & Kavanaugh, R. D.（2014）. The contribution of symbolic skills to the development of an explicit theory of mind. *Child Development, 85*（4）, 1535–1551. doi: org/10.1111/cdev.12227

Lillard, A. S., Lerner, M. D., Hopkins, E. J., Dore, R. A., Smith, E. D., & Palmquist, C. M.（2013）. The impact of pretend play on children's development: A review of the evidence. *Psychological Bulletin, 139*（1）, 1–34. doi: 10.1037/a0029321

Lillard, A. S., Pinkham, A. M., & Smith, E.（2011）. Pretend play and cognitive development. In U. Goswami（Ed.）, *The Wiley-Blackwell handbook of childhood cognitive development*（pp. 285–311）. New Jersey: Wiley-Blackwell.

Lockman, J. J., Ashmead, D. H., & Bushnell, E. W.（1984）. The development of anticipatory hand orientation during infancy. *Journal of Experimental Child Psychology, 37*(1), 176–186.

Lowe, M.（1975）. Trends in the development of representational play in infants from one to three years - An observational study. *Journal of Child Psychology and Psychiatry, 16*（1）, 33–47. doi: org/10.1111/j.1469-7610.1975.tb01870.x

Mahon, B. Z., Costa, A., Peterson, R., Vargas, K. A., & Caramazza, A.（2007）. Lexical selection is not by competition: A reinterpretation of semantic interference and facilitation effects in the picture-word interference paradigm. *Journal of Experimental Psychology: Learning, Memory, and Cognition, 33*（3）, 503–535. doi: 10.1037/0278-7393.33.3.503

Mareschal, D., & Johnson, M. H.（2003）. The "what" and "where" of object representations in infancy. *Cognition, 88*（3）, 259–276. doi: org/10.1016/S0010-0277（03）00039-8

McCarty, M. E., Clifton, R. K., & Collard, R. R.（1999）. Problem solving in infancy: The emergence of an action plan. *Developmental Psychology, 35*（4）, 1091–1101. doi: org/10.1037/0012-1649.35.4.1091

McCarty, M. E., Clifton, R. K., & Collard, R. R.（2001）. The beginnings of tool use by infants and toddlers. *Infancy, 2*(2), 233–256. doi: org/10.1207/S15327078IN0202_8

Milner, A. D., & Goodale, M. A.（2008）. Two visual systems re-viewed. *Neuropsychologia, 46*（3）, 774–785. doi: org/10.1016/j.neuropsychologia.2007.10.005

Miyake, A., & Friedman, N. P.（2012）. The nature and organization of individual differences in executive functions: Four general conclusions. *Current Directions in Psychological Science, 21*（1）, 8–14. doi: org/10.1177/0963721411429458

Miyake, A., Friedman, N. P., Emerson, M. J., Witzki, A. H., Howerter, A., & Wager, T. D.（2000）. The unity and diversity of executive functions and their contributions to complex "Frontal Lobe" tasks: A latent variable analysis. *Cognitive Psychology, 41*（1）, 49–100. doi: org/10.1006/cogp.1999.0734

Miyazawa, K., Horii, T., Aoki, T., & Nagai, T. (2019). Integrated Cognitive Architecture for Robot Learning of Action and Language. *Frontiers in Robotics and AI, 6*, 131. doi: org/10.3389/frobt.2019.00131

Moore, T., & Armstrong, K. M. (2003). Selective gating of visual signals by microstimulation of frontal cortex. *Nature, 421*, 370–373. doi: 10.1038/nature01341

森口 佑介 (2010). 乳幼児期における抑制機能の発達とその神経基盤 ベビーサイエンス, *10*, 26–45.

Moriguchi, Y. (2012). The effect of social observation on children's inhibitory control. *Journal of Experimental Child Psychology, 113*(2), 248–258. doi: org/10.1016/j.jecp.2012.06.002

森口 佑介 (2014). おさなごころを科学する 進化する乳幼児観 新曜社

Moriguchi, Y., & Hiraki, K. (2009). Neural origin of cognitive shifting in young children. *Proceedings of the National Academy of Sciences, 106* (14), 6017–6021. doi: org/10.1073/pnas.0809747106

Moriguchi, Y., & Hiraki, K. (2011). Longitudinal development of prefrontal function during early childhood. *Developmental Cognitive Neuroscience, 1*(2), 153–162. doi: org/10.1016/j.dcn.2010.12.004

Moriguchi, Y., & Hiraki, K. (2013). Prefrontal cortex and executive function in young children: A review of NIRS studies. *Frontiers in Human Neuroscience, 7*, 867. doi: org/10.3389/fnhum.2013.00867

Moriguchi, Y., & Sakata, C. (2020). Development of cognitive shifting from others' behavior in young children: A near-infrared spectroscopy study. *Developmental Neuropsychology, 45*(1), 39–47. doi: org/10.1080/87565641.2019.1710512

Moriguchi, Y., Sakata, Y., Ishibashi, M., & Ishikawa, Y. (2015). Teaching others rule-use improves executive function and prefrontal activations in young children. *Frontiers in Psychology, 6*, 894. doi: 10.3389/fpsyg.2015.00894

Moriguchi, Y., & Shinohara, I. (2018). Effect of the COMT Val158Met genotype on lateral prefrontal activations in young children. *Developmental Science, 21*(5), e12649. doi: org/10.1111/desc.12649

Munakata, Y. (1998). Infant perseveration and implications for object permanence theories: A PDP model of the AB task. *Developmental Science, 1*(2), 161–184. doi: 10.1111/1467-7687.00021

Murata, A., Fadiga, L., Fogassi, L., Gallese, V., Raos, V., & Rizzolatti, G. (1997). Object representation in the ventral premotor cortex (area F5) of the monkey. *Journal of Neurophysiology, 78* (4), 2226–2230. doi: org/10.1152/jn.1997.78.4.2226

Murata, N., Sato, K., Kon, J., Tomura, H., Yanagita, M., Kuwabara, A., Ui, M., & Okajima, F. (2000). Interaction of sphingosine 1-phosphate with plasma components, including lipoproteins, regulates the lipid receptor-mediated actions. *Biochemical Journal, 352* (3), 809–815. doi: org/10.1042/bj3520809

中尾 央 (2014). 発達科学はいつから発達科学なのか 板倉昭二 (編) 発達科学の最前線 ミ

ネルヴァ書房

Namy, L. L., Campbell, A. L., & Tomasello, M. (2004). The changing role of iconicity in non-verbal symbol learning: A U-shaped trajectory in the acquisition of arbitrary gestures. *Journal of Cognition and Development, 5*(1), 37–57. doi: org/10.1207/s15327647jcd0501_3

Nardini, M., Braddick, O., Atkinson, J., Cowie, D. A., Ahmed, T., & Reidy, H. (2008). Uneven integration for perception and action cues in children's working memory. *Cognitive Neuropsychology, 25* (7-8), 968–984. doi: 10.1080/02643290701866028

Needham, A. (2000). Improvements in object exploration skills may facilitate the development of object segregation in early infancy. *Journal of Cognition and Development, 1* (2), 131–156. doi: 10.1207/S15327647JCD010201

Newman, C., Atkinson, J., & Braddick, O. (2001). The development of reaching and looking preferences in infants to objects of different sizes. *Developmental Psychology, 37*(4), 561–572. doi: org/10.1037/0012-1649.37.4.561

Nielsen, M., & Dissanayake, C. (2004). Pretend play, mirror self-recognition and imitation: A longitudinal investigation through the second year. *Infant Behavior and Development, 27* (3), 342–365. doi: org/10.1016/j.infbeh.2003.12.006

西村 聡生・横澤 一彦 (2014). 刺激反応適合性効果からみた左右と上下の空間表象 心理学評論, *57* (2), 235–257.

Oakes, L. M., Madole, K. L., & Cohen, L. B. (1991). Infants' object examining: Habituation and categorization. *Cognitive Development, 6*(4), 377–392. doi: org/10.1016/0885-2014 (91) 90045-F

O'Brien, R. M. (2007). A caution regarding rules of thumb for variance inflation factors. *Quality & Quantity, 41* (5), 673–690. doi: 10.1007/s11135-006-9018-6

Oláh, K., Elekes, F., Peto, R., Peres, K., & Király, I. (2016). 3-year-old children selectively generalize object functions following a demonstration from a linguistic in-group member: Evidence from the phenomenon of scale error. *Frontiers in Psychology, 7*, 963. doi: org/10.3389/fpsyg.2016.00963

大村 政男・高嶋 正士・山内 茂・橋本 泰子 (1989). KIDS (キッズ) 乳幼児発達スケール 三宅和夫 (監) (財) 発達科学研究教育センター

Örnkloo, H., & von Hofsten, C. (2007). Fitting objects into holes: On the development of spatial cognition skills. *Developmental Psychology, 43*(2), 404–416. doi: org/10.1037/0012-1649.43.2.404

Orr, E., & Geva, R. (2015). Symbolic play and language development. *Infant Behavior and Development, 38*, 147–161. doi: org/10.1016/j.infbeh.2015.01.002

Pavese, A., & Buxbaum, L. J. (2002). Action matters: The role of action plans and object affordances in selection for action. *Visual Cognition, 9* (4-5), 559–590. doi: org/10.1080/13506280143000584

Pellegrini, A. D. (2013). Play. In P. D. Zelazo (Ed.), *The Oxford handbook of developmental psychology, Vol. 2. Self and other* (pp. 276–299). UK: Oxford University

Press

Pellegrini, A. D., & Hou, Y. (2011). The development of preschool children's (Homo sapiens) uses of objects and their role in peer group centrality. *Journal of Comparative Psychology, 125* (2), 239–245. doi: org/10.1037/a0023046

Pelz, J., Hayhoe, M., & Loeber, R. (2001). The coordination of eye, head, and hand movements in a natural task. *Experimental Brain Research, 139*(3), 266–277. doi: 10.1007/s002210100745

Pereira, A., & Smith, L. B. (2009). Developmental changes in visual object recognition between 18 and 24 months of age. *Developmental Science, 12*(1), 67–80. doi: org/10.1111/j.1467-7687.2008.00747.x.

Piaget, J. (1962). *Play, dreams and imitation in childhood*. (Translated by Gattegno, C. & Hodgson, F. M.). London: Routledge & Kegan Paul. (Piaget, J. (1945). *La Formation du symbole chez l'enfant*. Neuchâtel: Delachaux & Niestle.)

Piaget, J., & Cook, M. (1952). *The origins of intelligence in children* (Vol. 8, No. 5, p. 18). USA: International Universities Press.

Pierroutsakos, S. L., & DeLoache, J. S. (2003). Infants' manual exploration of pictorial objects varying in realism. *Infancy, 4*(1), 141–156. doi: org/10.1207/S15327078IN0401_7

Power, T. G. (2000). *Play and exploration in children and animals*. New Jersey: Lawrence Erlbaum Associates Publishers.

Quinn, P. C. (2004). Development of subordinate-level categorization in 3-to 7-month-old infants. *Child Development, 75*(3), 886–899. doi: org/10.1111/j.1467-8624.2004.00712.x

Quinn, P. C., Eimas, P. D., & Rosenkrantz, S. L. (1993). Evidence for representations of perceptually similar natural categories by 3-month-old and 4-month-old infants. *Perception, 22* (4), 463–475. doi: 10.1068/p220463

Rakison, D. H., & Butterworth, G. E. (1998). Infants' use of object parts in early categorization. *Developmental Psychology, 34*(1), 49–62. doi: org/10.1037/0012-1649.34.1.49

Rakison, D. H., & Cohen, L. B. (1999). Infants' use of functional parts in basic-like categorization. *Developmental Science, 2*(4), 423–431. doi: org/10.1111/1467-7687.00086

Rakoczy, H., & Tomasello, M. (2006). Two-year-olds grasp the intentional structure of pretense acts. *Developmental Science, 9*(6), 557–564. doi: org/10.1111/j.1467-7687.2006.00533.x

Rakoczy, H., Tomasello, M., & Striano, T. (2004). Young children know that trying is not pretending: a test of the "behaving-as-if" construal of children's early concept of pretense. *Developmental Psychology, 40*(3), 388–399. doi: 10.1037/0012-1649.40.3.388

Rakoczy, H., Tomasello, M., & Striano, T. (2006). The role of experience and discourse in children's developing understanding of pretend play actions. *British Journal of Developmental Psychology, 24*(2), 305–335. doi: org/10.1348/026151005X36001

Rensink, R. A., O'Regan, J. K., & Clark, J. J. (1997). To see or not to see: The need for attention to perceive changes in scenes. *Psychological Science, 8*(5), 368–373. doi:

org/10.1111/j.1467-9280.1997.tb00427.x

Richards, T. W. (1949). Editorial comment. *Child Development, 20*(1), 3–4.

Riddoch, M. J., Edwards, M. G., Humphreys, G. W., West, R., & Heafield, T. (1998). Visual affordances direct action: Neuropsychological evidence from manual interference. *Cognitive Neuropsychology,* 15(6-8), 645–683. doi: org/10.1080/026432998381041

Riddoch, M. J., Humphreys, G. W., & Price, C. J. (1989). Routes to action: Evidence from apraxia. *Cognitive Neuropsychology, 6*(5), 437–454. doi: org/10.1080/02643298908253424

Rivière, J., Brisson, J., & Aubertin, E. (2020). The interaction between impulsivity, inhibitory control and scale errors in toddlers. *European Journal of Developmental Psychology, 17* (2), 231–245. doi: org/10.1080/17405629.2019.1567324

Rizzolatti, G., & Craighero, L. (2004). The mirror-neuron system. *Annual Review of Neuroscience, 27,* 169–192. doi: org/10.1146/annurev.neuro.27.070203.144230

Rochat, P. (1989). Object manipulation and exploration in 2-to 5-month-old infants. *Developmental Psychology, 25*(6), 871–884. doi: org/10.1037/0012-1649.25.6.871

Rosengren, K. S., Carmichael, C., Schein, S. S., Anderson, K. N., & Gutiérrez, I. T. (2009). A method for eliciting scale errors in preschool classrooms. *Infant Behavior and Development, 32,* 286–290. doi: org/10.1016/j.infbeh.2009.03.001

Rosengren, K. S., Schein, S. S., & Gutiérrez, I. T. (2010). Individual differences in children's production of scale errors. *Infant Behavior and Development, 33*(3), 309–313. doi: org/10.1016/j.infbeh.2010.03.011

Ross, G. S. (1980). Categorization in 1- to 2-year-olds. *Developmental Psychology, 16* (5), 391–396. doi: org/10.1037/0012-1649.16.5.391

Rubin, K. H., Watson, K. S., & Jambor, T. W. (1978). Free-play behaviors in preschool and kindergarten children. *Child Development, 49*(2) 534–536. doi: 10.2307/1128725

Ruff, H. A. (1984). Infants' manipulative exploration of objects: Effects of age and object characteristics. *Developmental Psychology, 20*(1), 9–20. doi: org/10.1037/0012-1649.20.1.9

Schum, N., Jovanovic, B., & Schwarzer, G. (2011). Ten-and twelve-month-olds' visual anticipation of orientation and size during grasping. *Journal of Experimental Child Psychology, 109* (2), 218–231. doi: org/10.1016/j.jecp.2011.01.007

Seegelke, C., Güldenpenning, I., Dettling, J., & Schack, T. (2016). Visuomotor priming of action preparation and motor programming is similar in visually guided and memory-guided actions. *Neuropsychologia, 91,* 1–8. doi: org/10.1016/j.neuropsychologia.2016.07.033

Shen, J., Deng, Y., Jin, X., Ping, Q., Su, Z., & Li, L. (2010). Thiolated nanostructured lipid carriers as a potential ocular drug delivery system for cyclosporine A: Improving in vivo ocular distribution. *International Journal of Pharmaceutics, 402* (1-2), 248–253. doi: org/10.1016/j.ijpharm.2010.10.008

Shinskey, J. L., & Munakata, Y. (2005). Familiarity breeds searching: Infants reverse their novelty preferences when reaching for hidden objects. *Psychological Science, 16* (8), 596–600. doi: org/10.1111/j.1467-9280.2005.01581.x

Shore, D. I., Burack, J. A., Miller, D., Joseph, S., & Enns, J. T. (2006). The development of change detection. *Developmental Science, 9*(5), 490–497. doi: 10.1111/j.1467-7687.2006.00516.x

Shutts, K., Örnkloo, H., von Hofsten, C., Keen, R., & Spelke, E. S. (2009). Young children's representations of spatial and functional relations between objects. *Child Development, 80*(6), 1612–1627. doi: org/10.1111/j.1467-8624.2009.01357.x

Siddiqui, A. (1995). Object size as a determinant of grasping in infancy. *The Journal of Genetic Psychology, 156*(3), 345–358. doi: org/10.1080/00221325.1995.9914828

Simons, D. J., & Levin, D. T. (1998). Failure to detect changes to people during a real-world interaction. *Psychonomic Bulletin & Review, 5*(4), 644–649. doi: org/10.3758/BF03208840

Simons, D. J., & Rensink, R. A. (2005). Change blindness: Past, present, and future. *Trends in Cognitive Sciences, 9*(1), 16–20. doi: 10.1016/j.tics.2004.11.006

Sinclair, H. (1970). The transition from sensory-motor behaviour to symbolic activity. *Interchange, 1*(3), 119–126.

Slater, A., Mattock, A., & Brown, E. (1990). Size constancy at birth: Newborn infants' responses to retinal and real size. *Journal of Experimental Child Psychology, 49*(2), 314–322. doi: org/10.1016/0022-0965 (90) 90061-C

Smith, L. B. (2009). From Fragments to Geometric Shape: Changes in Visual Object Recognition Between 18 and 24 Months. *Current Directions in Psychological Science, 18*(5), 290–294. doi: org/10.1111/j.1467-8721.2009.01654.x

Smith, L. B. (2013). It's all connected: Pathways in visual object recognition and early noun learning. *American Psychologist, 68*(8), 618–629. doi: org/10.1037/a0034185

Smith, L. B., & Jones, S. S. (2011). Symbolic play connects to language through visual object recognition. *Developmental Science, 14*(5), 1142–1149. doi: org/10.1111/j.1467-7687.2011.01065.x

Smith, L. B., Jones, S. S., Landau, B., Gershkoff-Stowe, L., & Samuelson, L. (2002). Object name learning provides on-the-job training for attention. *Psychological Science, 13* (1), 13–19. doi: org/10.1111/1467-9280.00403

Smith, L. B., Thelen, E., Titzer, R., & McLin, D. (1999). Knowing in the context of acting: The task dynamics of the A-not-B error. *Psychological Review, 106*(2), 235–260. doi: 10.1037/0033-295X.106.2.235

Sommerville, J. A., & Woodward, A. L. (2005). Pulling out the intentional structure of action: The relation between action processing and action production in infancy. *Cognition, 95* (1), 1–30. doi: org/10.1016/j.cognition.2003.12.004

Soska, K. C., Adolph, K. E., & Johnson, S. P. (2010). Systems in development: Motor skill acquisition facilitates three-dimensional object completion. *Developmental Psychology, 46*(1), 129. doi: 10.1037/a0014618

Southgate, V., Csibra, G., Kaufman, J., & Johnson, M. H. (2008). Distinct processing of objects and faces in the infant brain. *Journal of Cognitive Neuroscience, 20*(4), 741–

749. doi: org/10.1162/jocn.2008.20052

Strangman, G., Culver, J. P., Thompson, J. H., & Boas, D. A. (2002). A quantitative comparison of simultaneous BOLD fMRI and NIRS recordings during functional brain activation. *Neuroimage, 17* (2), 719-731. doi: 10.1016/S1053-8119 (02) 91227-9

Street, S. Y., James, K. H., Jones, S. S., & Smith, L. B. (2011). Vision for action in toddlers: The posting task. *Child Development, 82*(6), 2083-2094. doi: 10.1111/j.1467-8624.2011.01655.x

Spelke, E. S., Breinlinger, K., Macomber, J., & Jacobson, K. (1992). Origins of knowledge. *Psychological Review, 99*(4), 605. doi: org/10.1037/0033-295X.99.4.605

Tacchetti, M. (2012). User Guide for ELAN Linguistic Annotator: version 5.0.0, *The Language Archive, MPI for Psycholinguistics*, 1-25.

多賀 厳太郎 (2007). 近赤外分光法による乳児の脳機能計測 光学, *36*(12), 702-706.

高倉 大匡 (2015). 近赤外線分光法 *Equilibrium Research, 74*(6), 552-556.

Tamis-LeMonda, C. S., & Bornstein, M. H. (1991). Individual variation, correspondence, stability, and change in mother and toddler play. *Infant Behavior and Development, 14*(2), 143-162. doi: org/10.1016/0163-6383 (91) 90002-A

Tallon-Baudry, C., Bertrand, O., Peronnet, F., & Pernier, J. (1998). Induced γ-band activity during the delay of a visual short-term memory task in humans. *Journal of Neuroscience, 18*(11), 4244-4254.

Taylor, M. (1999). *Imaginary companions and the children who create them*. UK: Oxford University Press.

Tremoulet, P. D., Leslie, A. M., & Hall, D. G. (2000). Infant individuation and identification of objects. *Cognitive Development, 15*(4), 499-522. doi: org/10.1016/S0885-2014(01) 00038-7

Tsujii, T., Yamamoto, E., Masuda, S., & Watanabe, S. (2009). Longitudinal study of spatial working memory development in young children. *Neuro Report: For Rapid Communication of Neuroscience Research, 20*(8), 759-763. doi: org/10.1097/ WNR.0b013e32832aa975

Twomey, K. E., & Westermann, G. (2018). Curiosity-based learning in infants: A neurocomputational approach. *Developmental Science, 21*(4), e12629. doi: org/10.1111/ desc.12629

von Hofsten, C. (2004). An action perspective on motor development. *Trends in Cognitive Sciences, 8*(6), 266-272. doi: org/10.1016/j.tics.2004.04.002

von Hofsten, C., & Fazel-Zandy, S. (1984). Development of visually guided hand orientation in reaching. *Journal of Experimental Child Psychology, 38*(2), 208-219. doi: org/10.1016/0022-0965 (84) 90122-X

Ware, E. A., Uttal, D. H., & DeLoache, J. S. (2010). Everyday scale errors. *Developmental Science, 13* (1), 28-36. doi: org/10.1111/j.1467-7687.2009.00853.x

Ware, E. A., Uttal, D. H., Wetter, E. K., & DeLoache, J. S. (2006). Young children make scale errors when playing with dolls. *Developmental Science, 9*(1), 40-45. doi:

org/10.1111/j.1467-7687.2005.00461.x

Wentworth, N., Benson, J. B., & Haith, M. M. (2000). The development of infants' reaches for stationary and moving targets. *Child Development, 71*(3), 576–601. doi: org/10.1111/1467-8624.00169

Werchan, D. M., Collins, A. G., Frank, M. J., & Amso, D. (2016). Role of pre-frontal cortex in learning and generalizing hierarchical rules in 8-month-old infants. *Journal of Neuroscience, 36*(40), 10314–10322. doi: org/10.1523/JNEUROSCI.1351-16.2016

Wiebe, S. A., Espy, K. A., & Charak, D. (2008). Using confirmatory factor analysis to understand executive control in preschool children: I. Latent structure. *Developmental Psychology, 44*(2), 575–587. doi: org/10.1037/0012-1649.44.2.575

Wilcox, T. (1999). Object individuation: Infants' use of shape, size, pattern, and color. *Cognition, 72*(2), 125–166. doi: org/10.1016/S0010-0277 (99) 00035-9

Wilcox, T., & Baillargeon, R. (1998). Object individuation in infancy: The use of featural information in reasoning about occlusion events. *Cognitive Psychology, 37*(2), 97–155. doi: org/10.1006/cogp.1998.0690

Wilcox, T., & Biondi, M. (2015). fNIRS in the developmental sciences. *Wiley Interdisciplinary Reviews: Cognitive Science, 6*(3), 263–283.

Wilcox, T., Bortfeld, H., Woods, R., Wruck, E., & Boas, D. A. (2005). Using near-infrared spectroscopy to assess neural activation during object processing in infants. *Journal of Biomedical Optics, 10*(1), 011010-011010. doi: org/10.1117/1.1852551

Wilcox, T., Haslup, J. A., & Boas, D. A. (2010). Dissociation of processing of featural and spatiotemporal information in the infant cortex. *Neuroimage, 53*(4), 1256–1263.

Wilcox, T., Woods, R., Chapa, C., & McCurry, S. (2007). Multisensory exploration and object individuation in infancy. *Developmental Psychology, 43*(2), 479–495. doi: org/10.1037/0012-1649.43.2.479

山下 優一・牧 敦・山本 剛・小泉 英明 (2000). 光による無侵襲脳機能画像化技術 分光研究, *49* (6), 275–286.

Yanaoka, K., Moriguchi, Y., & Saito, S. (2020). Cognitive and neural underpinnings of goal maintenance in young children. *Cognition, 203*, 104378. doi: org/10.1016/j.cognition.2020.104378

Yoon, E. Y., Heinke, D., & Humphreys, G. W. (2002). Modelling direct perceptual constraints on action selection: The Naming and Action Model (NAM). *Visual Cognition, 9* (4-5), 615–661. doi: org/10.1080/13506280143000601

Yoon, J. M., Johnson, M. H., & Csibra, G. (2008). Communication-induced memory biases in preverbal infants. *Proceedings of the National Academy of Sciences, 105*(36), 13690–13695. doi: org/10.1073/pnas.0804388105

Yoshida, H., & Smith, L. B. (2008). What's in view for toddlers? Using a head camera to study visual experience. *Infancy, 13*(3), 229–248. doi: org/10.1080/15250000802004437

Yu, C., & Smith, L. B. (2011). What you learn is what you see: Using eye movements to study infant cross-situational word learning. *Developmental Science, 14*(2), 165–180.

doi: org/10.1111/j.1467-7687.2010.00958.x

Yu, C., Smith, L. B., Shen, H., Pereira, A. F., & Smith, T. (2009). Active information selection: Visual attention through the hands. *IEEE Transactions on Autonomous Mental Development*, *1*(2), 141–151. doi: 10.1109/TAMD.2009.2031513

Xu, F., & Carey, S. (1996). Infants' metaphysics: The case of numerical identity. *Cognitive Psychology*, *30*(2), 111–153. doi: 10.1006/cogp.1996.0005

Zhao, H., Tanikawa, Y., Gao, F., Onodera, Y., Sassaroli, A., Tanaka, K., et al. (2002). Maps of optical differential pathlength factor of human adult forehead, somatosensory motor and occipital regions at multi-wavelengths in NIR. *Physics in Medicine & Biology*, *47*, 2075–2093. doi: 10.1088/0031-9155/47/12/306

謝　辞

　本書は，筆者が 2020 年度にお茶の水女子大学に提出した博士論文に修正を加えたものになります。Science 誌にてたまたまスケールエラー現象を知ったとき，「絶対に自分が研究しなければならない」という気持ちが沸き起こりました。当時は今よりも体が弱く，活動が制限されていましたが，不思議の国の世界のアリスが見つけたような，扉の向こうにある，わくわくする世界を知りたくなってしまいました。それから，当時通っていた大学院を中退し，恩師である森口佑介先生（現・京都大学）のもとで研究をスタートしました。

　あれから 10 年以上たち，少しずつスケールエラー現象のことがわかってきたように思え，とてもうれしく思っています。

　本研究には多くの方のご協力を賜りました。まず，博士論文の執筆には上原泉先生（お茶の水女子大学）に，懇切丁寧なご指導を賜りました。心よりお礼申し上げます。また，副査の坂元章先生（お茶の水女子大学），そして菅原ますみ先生（現・白百合女子大学）には，論文へのご指導をいただきました。誠にありがとうございました。博士論文の審査委員を引き受けてくださいました，篁倫子先生（お茶の水女子大学），今泉修先生（お茶の水女子大学）には貴重なご意見ならびにご助言を賜りました。誠にありがとうございました。そして，調査にご協力くださった子どもたちと保護者の皆さんにも，心よりお礼申し上げます。スケールエラー研究を通して，子どもが見ている世界を少しでものぞくことができ，幸せに思います。

　また，本書は，令和 6 年度江戸川大学学術図書出版助成により出版することができました。ここに記して感謝申し上げます。また，ナカニシヤ出版の井上優子様，山本あかね様には大変お世話になりました。表紙と本文中のイラストを描いてくださった，江戸川大学石橋ゼミ 1 期生の林美優さんと同じく 2 期生の一ノ瀬朱花さん，ありがとうございました。そしてゼミの皆さん，支えてくれていつもありがとう。

　スケールエラー研究を始めて以来，国内外より多くの共同研究者の先生方と

ご一緒することができました。ここでは挙げられないほどいらっしゃいますが，萩原広道先生（大阪大学），新屋裕太先生（東京大学），Gert Westermann 先生（ランカスター大学），Katherine E. Twomey 先生（マンチェスター大学）には格別のお礼を申し上げます。たった一人では見ることのできない世界を，共同研究者である先生方と一緒に見ることができ，幸運に思っています。

　私にとって研究は，つかめそうなほど近くにあるようにみえるのに，実際はとても遠い，夜空にある星を眺めているようなものです。まだまだ本質というものをつかめておりませんが，夜空の向こうにある世界を少しでも見るために，これからも研究を続けて参りたいと思います。

　昼もなお　星見る人の目にも似る　我恋するや　学問に

　体が丈夫でなかった私に勇気を与え，今日まで導いてくれた学問に感謝するとともに，どんなときも私を励まし見守ってくれる私の家族，そしてすべての人に心より感謝し，筆をおきたいと思います。

2024 年 7 月吉日

石橋美香子

事項索引

人名索引

著者紹介

石橋美香子（いしばし　みかこ）
江戸川大学社会学部講師。専門は発達心理学。英国ランカスター大学
大学院発達心理学専攻修士課程修了（2018 年度），お茶の水女子大学大
学院人間文化創成科学研究科博士課程修了（2020 年度）。

主な論文
「幼児期の自己にみる「非認知」」『発達』 *43*（170），53-59（2022, 共著）

なぜ子どもはミニカーに乗ろうとするのか
スケールエラーからみる幼児期の物体認識の発達心理学

2025 年 3 月 30 日　　初版第 1 刷発行

著　者　石橋美香子
発行者　中西　良
発行所　株式会社ナカニシヤ出版
☎606-8161　京都市左京区一乗寺木ノ本町 15 番地
Telephone　　075-723-0111
Facsimile　　075-723-0095
Website　https://www.nakanishiya.co.jp/
Email　　iihon-ippai@nakanishiya.co.jp
郵便振替　01030-0-13128

装幀＝白沢　正／印刷・製本＝亜細亜印刷
Copyright © 2024 by M. Ishibashi
Printed in Japan.
ISBN978-4-7795-1834-8